교과서 토론
환경

생각이 열리는

교과서 토론 - **환경**

초판 1쇄   찍은 날 2021년 7월 5일
초판 1쇄   펴낸 날 2021년 7월 12일

지은이   김순미·변소영·손준호·송명희·전윤석·최규식·최민영·한연근·황보경

발행인   육혜원
발행처   이화북스
등 록   2017년 12월 26일(제2017-0000-75호)
주 소   서울특별시 마포구 월드컵북로 400 서울산업진흥원 5층 15호
전화   02-2691-3864
팩스   031-946-1225
전자우편   ewhabooks@naver.com

편집   박나리
디자인   책은우주다
마케팅   임동건

ISBN   979-11-90626-12-5 (04080)

교과서 토론 시리즈 **02**

생각이 열리는

교과서 토론

환경

김순미·변소영·손준호·송명희·전윤석·최규식·최민영·한연근·황보경 지음

이화북스

고대에서부터 현대까지 인류 문화 발전에 있어서 토론이 중요한 역할을 했다는 것은 역사적 사실로 받아들여지고 있습니다. 아리스토텔레스, 플라톤 등 고대 철학자도 여러 사람과의 토론을 통해 자신의 이론을 확립하였습니다. 그리고 우리나라에서도 큰 업적을 남긴 세종대왕, 정조대왕 역시 신하들과의 경연(토론)을 통해 국가 정책을 정하거나 당면한 문제를 해결하였음을 역사적 기록을 통해 알 수 있습니다. 이는 모든 주장이나 사상에는 반드시 반대되는 주장이나 사상이 있으며, 상반된 주장의 충돌은 토론을 통해 합리적인 해결책을 찾을 수 있기 때문이었습니다.

개인적 앎 역시 다른 앎을 가진 사람과의 토론을 거치면 진정한 앎으로 변할 수 있습니다. 이는 학습에 필요한 비판적 사고력, 논리적 사고 전개, 논증 등의 능력이 상호 대립적인 주제를 가지고 소통하는 토론 과정에서 길러지기 때문입니다. 그래서 최근에는 공부 방법으로도 토론이 많이 이용되고 있으며, 토론식 시험 공부가 매우 효과적이라는 사실이 여러 연구에서 밝혀지기도 하였습니다.

이에 피해 정도, 원인, 해결 방법 등에 대한 생각이 사람마다 다르다는 특성을 가진 '환경문제' 역시 토론 방식에 매우 효과적일 것이라는 생각을 하게 되었습니다. 환경문제와 관련된 책들이 대부분 피해 상황만을 부각하거나 우리가 지켜야 할 의무만을 강조하고 있어서, 사회적 문제에 대한 다양한 관점을 정리하기 어려운 면이 있었습니다.

온실가스, 미세플라스틱, 에너지 사용 등의 자연환경문제뿐만 아니라 층간소음이나 바이러스 같은 일상생활 속 환경문제는 인류의 생존이나 생활과 밀접하게 관련된 것들입니다. 하지만 문제를 바라보는 관점이 개인이나 국가별로 다르기 때문에 늘 다툼이 일어나고 합의가 잘 이루어지지 않고 있습니다. 분명 우리는 위기 환경 속에 살고 있으며, 지구의 지속 가능성을 위해 빠르게 해결책을 찾아야 합니다.

그런 면에서 환경문제는 우리나라 국민을 넘어 전 세계적인 대토론으로 해결해야 할 주제라 볼 수 있습니다. 이 책에서는 우리가 직면한 여러 환경문제의 이슈를 살펴보고, 그에 대한 생각을 토론 형식으로 제시하였습니다. 따라서 이 책을 읽는 동안 환경문제에 대한 각자의 생각이 정리될 것입니다. 이 책은 단지 토론의 안내자 역할을 할 뿐이며, 이 책을 읽은 후 다른 사람들과 다양한 환경문제에 대한 토론을 펼쳐 보기를 바랍니다. 그만큼 환경문제는 우리 인류에게 닥친 가장 큰 위기이자 우리 생활과 직접적으로 관련된 문제이기 때문입니다.

차례

· 쟁점 1 ·

물부족

— 우리나라는 정말 물이 부족한 것일까

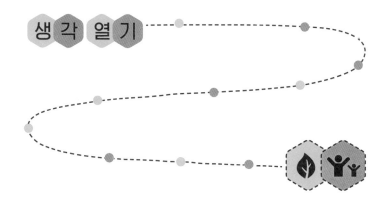

생 각 열 기

아침에 눈을 떠서 잠자리에 들기까지 우리는 수많은 물질을 만나고 있습니다. 배가 고파서 먹는 음식부터 스마트폰, 교과서, 필통, 가방, 장난감 등 수없이 많은 물질이 우리 주변에 존재합니다.

그리고 하나 더! 물도 있습니다. 지구 표면의 약 70%를 덮고 있는 물은 산소와 함께 우리가 살아가는 데 있어 가장 중요한 물질입니다. 여러분은 우리 몸을 구성하는 세포의 부피 중 2/3가 물이라는 사실을 알고 있었나요? 우리는 물로 가득 찬 세포 주머니를 주렁주렁 매달고 살아가고 있는 생명체입니다. 사람은 음식을 먹지 않고 일주일 정도 버틸 수 있지만, 물이 없이는 보통 사흘을 넘기기가 쉽지 않습니다. 그래서였을까요? 인류의 문명은 나일강, 티그리스-유프라테스강, 인더스강 그리고 황허강 유역에서 시작되었습니다. 이처럼 물이 없었다면 우리는 존재조차 할 수 없었을 것이고, 지금의 문명은 상상할

▲ 물 분자는 수소 원자 두 개와 산소 원자 한 개가 결합한 형태로, 두 수소 원자가 이루는 각도는 104.5°이다.

수도 없었을 것입니다.

물은 우리 주변에서 흔하게 볼 수 있으면서도 지구상에서 가장 특이한 물질 중 하나입니다. 물의 화학적 성질을 살펴보면 정말 복잡하지요. 물 분자는 H_2O로 수소 원자 두 개와 산소 원자 한 개가 화학적으로 결합하고 있는 형태입니다. 두 수소 원자가 이루는 각도는 104.5°로 구부러진 모양을 갖고 있습니다. 물은 화학반응이 잘 일어나도록 도움을 주므로 생물에게는 정말로 고마운 존재입니다. 우리 몸속에 있는 피의 83%가 물로 되어 있다고 합니다.

그렇다면 이렇게 중요한 물은 도대체 어디에서 왔을까요? 과학자들은 지구에 있는 물의 기원을 찾으려고 노력해 왔습니다. 2004년에 유럽우주국ESA[1]이 발사한 혜성 탐사선 로제타호가 추류모프 – 게라시멘코 혜성에 도착했고, 물을 수집해 분석했습니다. 하지만 아쉽게도 지구에 있는 물하고는 달라서 물의 기원을 찾는 데는 실패했지요. 그렇지만 지구의 물이 혜성에서 왔을 것이라는 과학자들의 가설이 틀렸음을 증명한 계기가 되었답니다.

물의 기원에 대한 가장 오래된 가설은 1894년에 나온 이론으로, 지구가 형성되던 초기에 많은 화산 폭발이 일어났고 이때 지구 암석 속에 있던 물이 빠져나와 수증기가 되었는데, 이

유럽 각국이 공동으로 우주 개발을 추진하기 위하여 1973년에 발족한 국제 조직

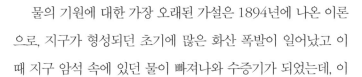

것이 대기 중에 포화되어 비로 내렸다는 것입니다. 하지만 최근에는 물이 풍부했던 소행성이 지구와 충돌해 바다가 생겼다는 가설도 주목받고 있습니다.

물은 지구 곳곳을 여행하느라 매우 바쁘게 돌아다니고 있습니다. 태양의 가열 때문에 지표면에서 물이 증발하고 증발된 수증기가 대기 중으로 들어오게 됩니다. 또 식물은 증산작용을 통해서 수증기를 대기 중으로 유입시키지요. 물이 해양과 지표면으로부터 증발하면 증발된 수증기가 상승과 이동 및 응결의 과정을 거쳐 다시 비나 눈으로 지표면에 내리게 됩니다. 그리고 하천수와 지하수로 이동해 바다에 모이고 다시 증발하는 연속적인 순환 과정을 거치게 됩니다. 이러한 물의 순환은 지금도 끊임없이 일어나고 있으며, 지구에 있는 물의 양은 그 상태와 존재하는 장소가 달라질 뿐이지 총량은 변하지 않습니다. 그런데 이상하게도 지구촌에는 물이 부족하여 고통을 받는 나라가 꽤 많습니다. 그리고 우리나라 역시 물부족 국가로 알려지면서 물에 대한 위기감이 커졌습니다.

인류가 사용할 수 있는 물인 민물은 전체 물의 약 2.5% 정도밖에 되지 않으며, 나머지 97.5%는 바닷물입니다. 이러한 민물 중 빙하와 만년설,[2] 토양수분이나 습지 등으로 우리가 사용할 수 없는 물의 양을 빼면 기껏해야 0.0075%밖에 남지 않습니다. 그러니 우리가 사용할 수 있는 물의 양이 얼마나 적은지 실감이 나시나요?

강설량이 녹는 양보다 많아서 1년 내내 남아 있는 눈

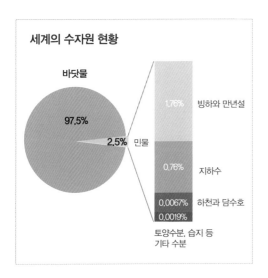

세계의 수자원 현황

바닷물

97.5%

2.5% 민물

1.76% 빙하와 만년설

0.76% 지하수

0.0067% 하천과 담수호
0.0019%

토양수분, 습지 등
기타 수분

▲ 지구에 있는 물의 양이 13억 8천 5백만km³인데, 그중 대부분이 마실 수 없는 바닷물이고 민물 중에서도 우리가 바로 사용할 수 있는 양은 0.0075%에 불과하다.

출처: 물정보포털

물은 예로부터 어느 나라든 매우 중요하게 생각해 왔습니다. 우리나라의 경우, 한강 유역을 차지하기 위해 삼국이 오랫동안 전쟁한 것을 보면 물이 인간의 삶에 얼마나 중요한지 이해할 수 있습니다. 그렇다면 이렇게 중요한 물을 고대에서는 어떻게 관리했을까요? 고대 로마는 기원전 312년경에 세계 최초로 아피아 수로를 건설했습니다. 그 이후에도 로마의 수리 시설은 발달하여 700개의 수조와 500개의 분수, 130개의 급수 탱크와 공중목욕탕을 지었습니다. 이 중 공중목욕탕은 기원전 19년에 완공된 비르고 수로를 통해 물을 공급받았다고 합니다. 이처럼 로마시는 도시 생태계를 유지하기 위해 물 관리를 매우 중요한 과제로 생각했습니다.

현재 우리나라는 물을 잘 관리하고 있을까요? '한국은 UN이 정한 물부족 국가'라는 말을 들어 본 적이 있나요? 만약 저 말이 사실이라면 우리나라도 생존을 위해 물에 대해 다시 한 번 생각해 보아야 할 때가 온 것이겠지요. 하지만 여기서 논쟁이 되는 것은 '우리나라가 정말 물이 부족한가?'라는 점입니다. 사실 우리나라가 물부족 국가가 아니라고 주장하는 반대쪽 의견도 있으니까요. 왜냐하면 우리는 실제로 물이 부족하다는 것을 느낄 만큼 고통을 받으면서 생활하고 있지는 않기 때문입니다. 학교에서는 급식시간에 물을 마음껏 마실 수 있고, 화장실에서는 물이 잘 나오고 있으며, 집에 와도 항상 샤워할 수 있는 물이 있고, 물이 부족해 음식을 못 먹어 본 경험도 거의 없으며, 생수도 마음껏 사 먹고 있으니까요. 그런데 어떤 기준으로 우리나라를 물부족 국가로 분류하게 된 것일까요?

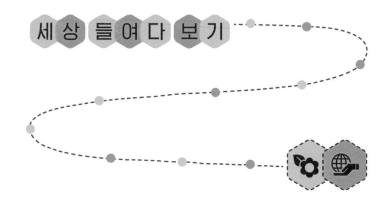

1992년 유엔 총회에서는 매년 3월 22일을 '세계 물의 날
World Water Day'로 정했습니다. 이는 지구상에 없어서는 안 될 유한
한 자원인 물의 중요성을 강조하기 위해서였지요. 날마다 사용
하는 물! 하지만 자연이 우리에게 주는 선물 중 하나인 물이
언제까지 주어질지는 아무도 모르는 일입니다. 그래서 어쩌면
3월 22일은 물이 우리에게
던지는 경고의 메시지라는
생각도 해 봅니다.

▲ 1992년 유엔 총회에서는 매년 3월 22일을 '세계 물의 날'로 정했다.

물은 생명을 만든 어머니
와도 같습니다. 태초의 바다
에서 생명체가 태어난 것은
지금으로부터 약 35억 년 전
쯤인데, 결국 물이 없었다면
지금의 우리도 존재하지 않

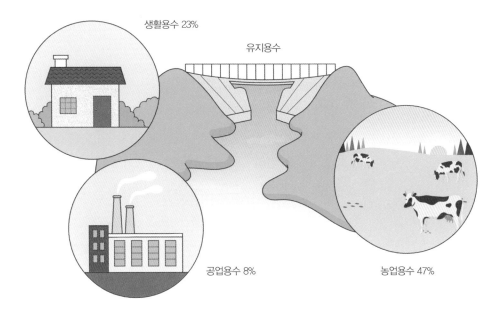

생활용수 23%

유지용수

공업용수 8%

농업용수 47%

▲ 물은 생활용수, 공업용수, 농업용수, 유지용수로 이용되고 있다.

앉을 것으로 과학자들은 생각하고 있습니다. 이렇게 생명체 탄생에 중요한 의미가 있는 물은 지구에 구름, 비, 빙하, 바다, 지하수, 폭포, 수증기 등 다양한 곳에 여러 형태로 존재하게 되었습니다.

현재를 살아가고 있는 인류는 물을 다양하게 이용하고 있습니다. 우리나라의 경우, 농사를 짓거나 가축을 사육하는 농업용수로 약 47%를, 아침에 일어나 잠자리에 들기까지 씻고 먹고 빨래할 때 사용하는 생활용수로 약 23%를, 공장에서 사용하는 공업용수로 약 8%를 이용하고 있습니다. 이 외에도 하천의 수질오염을 방지하고 수질을 일정하게 유지함으로써 하천의 유수가 정상적인 기능을 유지할 수 있도록 하는 유지용수로도 사용하고 있습니다.

인류는 물을 이용한 전기 생산도 생각해 냈습니다. 물의 낙차를 이용한 수력 발전이나 조수간만의 차이를 이용한 조력 발전이 가장 대표적인 예로, 이는 물이 끊임없이 재생될 수 있는 자원이라는 장점을 이용한 것입니다. 이처럼 물은 우리 생활을 좀 더 윤택하게 해 주는 데 도움을 주고 있으며, 무엇보다도 모든 생명체에게 없어서는 안 될 중요한 생명수의 역할을 하고 있음에 다시금 고마운 마음이 듭니다.

하지만 우리는 물의 형태나 용도를 변경하여 사용할 뿐, 물의 총량을 증가시킬 수는 없다는 것을 기억해야 합니다. 특히 우리가 사용할 수 있는 담수는 그리 넉넉하지 않은 편이죠. 여기에 환경오염이 심해지고 인구가 지속적으로 증가하면서 물 수요량은 상상할 수 없을 정도로 급증하게 되었습니다. 1990년 9월 인도 뉴델리에서 열린 물 문제에 관한 전문가 회의에서 전 세계 인구의 40%가 물부족에 직면해 있다고 보고하였습니다. 유니세프는 지구촌 어린이 1억 6천만 명이 가뭄으로 인해 어려움을 겪고 있는데, 유럽 1백만 명, 아시아 5천 8백만 명, 아메리카 1천 4백만 명, 아프리카 8천 4백만 명의 어린이가 가뭄 지역에 살고 있다고 하였습니다. 2018년 BBC에서는 물부족이 우려되는 세계 10대 도시(브라질 상파울루, 인도 벵갈루루, 중국 베이징, 이집트 카

▲ 지구촌 어린이 1억 6천만 명이 가뭄으로 인해 어려움을 겪고 있다.

이로, 인도네시아 자카르타, 러시아 모스크바, 터키 이스탄불, 멕시코 멕시코시티, 영국 런던, 일본 도쿄)를 선정하였고, 세계 10억 명가량이 물을 구하는 데 어려움을 겪는다고 하였습니다. 여기에 유엔 보고서에서는 2030년이 되면 기후 변화와 인구 증가, 인구 활동으로 물의 수요량이 공급량보다 40%를 초과할 것으로 내다보는 등 물부족의 심각성을 경고하였습니다. 이렇다 보니 현재 우리는 물부족까지 걱정하면서 살아가야 하는 처지에 놓이게 되었습니다.

이에 우리나라뿐만 아니라 세계적으로도 수자원 확보에 비상이 걸렸고, 이를 위해 댐과 저수지 등을 만들었으며, 지금도 건설 중입니다. 댐은 흐르는 물을 저장하기 위해 튼튼한 콘크리트로 만드는데, 비가 많이 올 때 상류로부터 흘러오는 물을 가둠으로써 홍수를 예방하거나 가뭄 때 이 물을 사용할 수 있어 가장 효율적인 방법으로 손꼽힙니다. 특히 우리나라처럼 강수량이 특정 월에 집중될 경우, 댐과 같은 시설은 꼭 필요하다고 전문가들은 말합니다. 저수지 역시 물을 저장해 둔 못으로 강이나 골짜기를 인공적으로 막아 가두어 놓은 곳입니다. 이런 저수지는 산속 계곡 아래에 이어진 경우가 많은데, 위치가 상류 쪽이라면 식수원으로 사용하기 위해 '상수원 보호 구역'[3]으로 지정하여 보존하기도 합니다.

우리나라는 「하천법」, 「지하수법」, 「댐건설 및 주변지역지원 등에 관한 법률」, 「도시개발법」, 「환경정책기본법」, 「수도법」, 「하수도법」, 「물환경보전법」, 「농어촌정비법」, 「소하천정비법」, 「자연재해대책법」, 「재난 및 안전관리 기본법」을 제정하여 물을 체계적으로 관리하고 보존하기 위해 노력하고 있습니다. 2019년에는 '세계 물의 날'을 맞아 대통령이 직접 정부가 마련한 통합 물 관리 정책을 언급하면서 언제, 어디서나, 누구나 깨끗한 물을 누릴 수 있어야 한다고 강조하기도 했지요. 또 댐의 물 공급 능력을 정확히 분석하고 효과적으로 재배분하여 가뭄에도 물을 안정적으로 사용할 수 있게 하고, 홍수 예방을 위해 정확한 예측을 하는 등 물 정보 관련 빅데이터 융합플랫폼 구축을 강조하였습니다.

이처럼 국가가 물 관리를 위해 많은 노력을 하고 있음에도, 왜 물부족 국가로 분류되었을까요? 정말 우리나라는 물부족 국가가 맞는 것일까요? 만약 물부족 국가가 아니라면 물을 지금

상수원이란 음용·공업용 등으로 제공하기 위하여 취수시설을 설치한 지역의 하천·호수·지하수 등을 지칭하며, 이러한 상수원의 확보와 수질의 보전을 위하여 「수도법」에 따라 지정된 구역을 말한다.

처럼 걱정 없이 사용해도 될 정도로 풍부한 나라일까요? 여러분은 어떻게 생각하나요? 어떤 이는 국내 물 수입량이 석유의 180배에 이르기 때문에 물부족 국가라고 말하기도 합니다. 하지만 아무리 가물어도 특별한 지역을 제외하고는 우리나라에서 물부족을 경험하기는 쉽지 않습니다.

　이제 우리는 우리나라의 물 사정에 대해 정확히 알 필요가 있습니다. 물부족 국가로 분류된 것이 사실이라면 우리는 어떤 실천을 해야 할까요? 만약 물부족 국가로 분류된 것이 잘못된 것이라면 우리는 어떤 생각을 갖고 어떻게 대처해야 할까요? 이에 우리가 물부족과 관련해 막연하게 갖고 있던 궁금증을 중심으로 열띤 토론을 펼쳐 보고자 합니다.

쌀이 부족하다면 밀이 대신할 수 있습니다.

화력이 부족하다면 풍력이 대신할 수 있습니다.

차에 기름이 부족하다면 전기가 대신할 수 있습니다.

물이 부족하다면?

물을 대신할 수 있는 것은 물밖에 없습니다.

이 글은 2009년 대한민국 공익광고제에서 대상을 수상한 영상에 나오는 자막이다. 이 광고는 물의 소중함을 일깨워 주었다. 이처럼 물이 우리에게 매우 소중한 존재임은 누구나 다 알고 있지만, 사용 가능한 물의 양이 줄어들고 실제 물이 부족해 어려움을 겪는 나라와 전체 인구수가 증가하고 있는 것에 대해서는 얼마나 심각하게 받아들이고 있을까?

우리나라도 물이 부족하다는 위기감이 커지면서 급기야 2003년부터는 공식적으로 UN이 정한 '물부족 국가'라는 용어를 사용하게 되었다. 그리고 이러한 위기감에 정부는 댐 건설 등을 통해 물부족에 대처하기 위한 방법을 강구해 왔다. 하지만 시민단체에서는 우리나라가 물부족 국가가 아니라고 외치면서 정부의 입장과 반대되는 의견을 내세우고 있다. 다시 말해 물부족 국가라는 표현은 UN이 직접 언급한 적이 없는 와전된 용어라는 것이다. 그리고 우리나라가 물부족 국가인지 아닌지에 대한 논쟁이 사회적으로 이슈가 되었다. 물을 아껴 쓰는 것에는 이견이 없겠지만, 우선 우리나라의 물 상황을 정확하게 알아보는 것은 매우 중요한 일이다. 이에 최고의 권위를 가진 공중파 KBC 방송의 '99분 토론'에서 긴급 편성 토론을 열게 되었다.

사회자 — 최근 지구촌이 물부족으로 인해 많은 어려움을 겪고 있다는 뉴스를 자주 접합니다. 특히 기후 변화와 환경오염 등으로 인해 물 부족 현상은 더 심각해지고 있습니다. 우리나라도 물부족 국가로 분류되었는데, 이에 국가는 물 수급 안정을 위해 다양한 정책을 펼치는 등 꾸준히 노력하고 있습니다. 그런데 한편에서는 정부가 물부족 국가라고 발표한 것은 잘못되었으며, 물이 부족한 것이 아니라 물 관리를 잘못하고 있는 것이라고 주장합니다. 이에 99분 토론에서는 우리나라를 물부족 국가로 바라보는 미래물부족대비연구소 이프로 소장님과 물의 효율적인 관리를 주장하는 수자원질관리연구소 심충수 소장님을 모시고 토론을 진행하겠습니다. 먼저, 이프로 소장님부터 간단하게 이와 관련된 입장을 말씀해 주시기 바랍니다.

이프로 —— 네, 최근 우리나라가 물부족 국가인지 아닌지에 대해 많은 논란이 있는 것은 사실입니다. 그런데 이 토론을 보고 계시는 여러분께 여쭈어보겠습니다. 물부족 국가인가 아닌가가 그렇게 중요합니까? 어쨌든 결론은 물을 아껴 써야 하지 않을까요? 그런 의미에서 사실 오늘 토론은 어떻게 물을 효율적으로 관리할 것인가에 초점을 두어야 한다고 생각합니다. 스웨덴의 수문전문가인 마린 폴켄마르크Malin Falkenmark는 어느 정도 발전한 국가에서 적정한 삶의 질을 유지하는 데 필요한 1인당 최저 물 수요량에 근거하여 물부족 지수Water Stress Index를 제안하였고, 이것을 근거로 UN이 우리나라를 물부족 국가로 지정하게 된 것이지요. 그러니 우리나라도 물이 부족한 것은 사실입니다. 이러한 물부족에 대비해 국가에서는 지금보다도 더 많은 댐을 건설하는 등 수자원 확보를 위해 꾸준히 노력을 해야 할 것입니다.

심층수 —— 저는 오늘 토론을 통해 우리나라는 물부족 국가가 아니니 물을 마음껏 사용해도 된다는 상식 밖의 발언을 하려는 것이 아닙니다. 왜냐하면 언제든지 물부족 국가가 될 가능성도 함께 존재하기 때문입니다. 하지만 저는 오늘 우리나라가 정말 물부족 국가가 맞는가에 대한 합당한 근거를 찾아보고, 현재의 시점에서 우리가 해야 할 일과 미래를 위해 대비해야 할 일을 좀 더 구체적으로 논의해 보고 싶은 마음이 큽니다. 물부족 국가라는 말을 정부와 각종 매체에서 앞다투어 사용하면서 물이 부족하니 국가에서 대형 댐을 건설하거나 저수지를 조성하는 것이 당연하다는 식으로 이야기하는데,

환경 파괴에 대해서는 상대적으로 언급이 적더군요. 사실 우리는 물이 부족한 것이 아니라 우리 땅에 있는 물을 잘못 사용하고 관리하고 있다는 점을 이 시간에 말씀드리고 싶습니다.

주제1
우리나라를 물부족 국가라고 볼 수 있는가

사회자 — 예상대로 의견이 나뉘시네요. 하지만 두 분 다 물을 아껴 쓰자는 것에 대해서는 동의하시는 거죠? 물론 물을 효율적으로 잘 관리하는 것이 중요하다는 말씀도 있었습니다. 먼저, 우리나라의 물 상황을 살펴보는 것이 오늘 토론에서 매우 중요한 출발점이라는 생각이 드는데요. 이와 관련하여 이 소장님께서 먼저 발언 부탁드립니다.

이프로 — 네. 우리나라는 물부족 국가라고 바라보는 것이 맞습니다. 미국의 국제인구행동연구소Population Action International: PAI에서 2003년에 발표한 자료에 따르면, 우리나라는 물부족 국가로 분류되어 있습니다. PAI 연구소는 1인당 연간 물 사용 가능량이 1,000㎥ 미만은 물 기근 국가Water Scarcity, 1,000~1,700㎥는 물부족 국가Water Stress, 1,700㎥ 이상은 물 풍요 국가No Stress로 분류했는데, 이때 사용 가능한 물은 전체 수자원량(강수량)에서 증발산[4] 같은 손실을 제외한 것입니다. 우리나라는 2005년 기준으로 1,453㎥였으므로 이 기준에 비추어 보면 물부족 국가에 해당합니다. 그래서 UN이 우리나라를 물부족 국가라고 지정한 것입니다.

[4] 증발과 증산이라는 용어가 합해진 것으로, 지면이나 수면으로부터 수분이 대기로 돌아가는 현상을 증발이라고 하며, 수목이나 초본류의 표면에서 일어나는 증발을 증산이라고 한다.

심충수 — 방금 말씀하신 것처럼 PAI에서 말한 기준대로라면 우리나라는 물부족 국가로 바라보는 것이 맞습니다. 하지만 PAI가 UN 관련 산하기관인지 확인해 봐야 할 것입니다. UN이 PAI의 연구보고서 내용을 언급했다고 하더라도, PAI는 국제기구와 아무런 관련이 없는 민간단체입니다. 민간단체가 말한 내용을 UN이 말한 것으로 보는 일은 잘못입니다.

이프로 — 하지만 UN이 PAI의 내용을 인용했다는 것은 관련 내용이 객관적이라고 판단했기 때문 아닐까요? 물부족 국가군은 주기적인 물 압박을 경험한 나라로 우리나라를 비롯해 이집트, 폴란드, 리비아, 벨기에 등이 해당됩니다. 우리나라의 경우, 2025년에는 1인당 연간 물 사용 가능량이 1,258㎥로 떨어질 것으로 전망되니 물 소비량을 지금보다 훨씬 더 적극적으로 줄이지 않으면 물 기근 국가로도 떨어질 수 있습니다.

심충수 — PAI에서 사용한 용어를 보면 Water Stress라고 되어 있습니다. 이는 '물 스트레스 국가'로 번역하는 것이 타당해 보입니다. 그 누구도 물부족 국가라는 용어를 사용하지는 않았음을 알 수 있습니다. 또 우리나라의 물부족 실태를 정확하게 따져 보기 위해서는 단순히 PAI에서 발표한 자료에만 의존해서는 안 될 것입니다. PAI는 1인당 이용 가능한 수자원량을 계산할 때, 국토 면적에 떨어지는 연간 강수량 중 증발산 등의 손실을 제외한 유출량을 단순히 인구수로 나눈 값으로 보고 있습니다. 하지만 실제 PAI와 같이 물부족 국가를 분류하는 것은 매우 단순한 방법으로, 실제 각 나라의 상황을 제대로 반영하지 못한 단순 숫자에 불과합니다. 우리가 물부족을 느끼려면 이보다 훨씬 복잡하고 복합적일 수밖에 없습니다. 이미 2019년 UN 보고서에서는 우리나라를 물 스트레스 국가로 분류하고 있습니다.

이프로 ─ Water Stress를 물부족 국가라고 표기한 게 잘못되었다는 근거가 있는지요? 여하튼 물부족이든 물 스트레스든 물로 인해 고통받는다는 것은 사실입니다. 우리나라는 2003년에 발표한 PAI의 자료에서 당시 세계 153개 국가 중 129위를 차지해 물부족 국가로 분류되어 있었습니다. 이것은 강수량에 비해 좁은 국토에 많은 인구가 살고 있어 수자원 여건이 좋지 않다는 것을 의미하죠. 다시 말해, 계절별로 강수량의 편차가 심하므로 비가 많이 오거나 홍수가 날 때 바다로 흘러가는 물의 양이 너무 많습니다. 그러니 물이 실제로는 더 부족할 수밖에 없겠죠? 앞으로 물부족을 해결하기 위해서는 댐을 더 건설하여 아까운 수자원을 더 확충할 필요가 있겠습니다.

사회자 ─ 지금 두 분께서 열띤 토론을 해 주고 계시는데요. 댐 건설과 관련해서는 주제 2에서 다룰 예정이니 주제 1에 대해 집중해 주시면 좋겠습니다. 이번에는 심 소장님께서 말씀해 주시지요.

심층수 ─ 한 나라의 1인당 연간 물 사용 가능량을 좀 더 정확하게 산출해 내려면 그 나라가 가지고 있는 물 자원의 수준과 소득 수준, 사회 기반시설, 수자원 관리 기술이나 상수도 보급률, 하천 수질 상태와 1인 1일 급수량Liters Per Captia per Day: LPCD 등과 같은 물리적 지표를 복합적으로 적용해야 합니다. 그래서 '물빈곤지수^{Water Poverty Index: WPI}'
라는 용어가 새롭게 등장했습니다. WPI는 1인당 수자원량, 수자원
접근율, 사회경제요소, 물 이용량 및 환경 등을 종합적으로 고려한
지수인데, 우리나라의 WPI는 30개 OECD 국가 중에서는 20위로
선진국에 비하면 낮은 수준이지만, 전체 147개국과 비교하면 43위
로 크게 나쁘지는 않습니다. 사실 정부에서도 2006년에 물부족 국
가라는 말은 오해의 소지가 있는 만큼 이제부터는 사용하지 않으
려 한다면서 물부족 국가는 UN에서 지정한 것이 아니며, 물부족
여부에 대한 판단도 기준에 따라 다를 수 있다고 밝힌 적이 있습
니다.

이프로 ─── 심 소장님의 말씀대로 우리나라가 설령 '물부족 국가'가 아닌
'물 스트레스 국가'라고 하더라도 우리나라의 물 스트레스 지수는 매
우 높은 편에 해당합니다. UN에서는 하천 취수율을 기준으로 '물
스트레스 국가'를 분류하고 있는데, 우리나라의 경우 전체 물 사용
량의 36%를 하천에서 끌어다 쓰고 있어서 하천 취수율이 높아질수
록 가뭄 등 환경의 영향을 많이 받을 수밖에 없고 당연히 물의 자정
능력 또한 떨어져서 오염도 같이 증가하게 되는 악순환이 반복되고
있습니다. 그래서 우리나라의 물 스트레스 수준을 '중~고' 수준으로
보고 있는데, 이는 4단계(저, 중, 중~고, 고) 중 세 번째로 심각한 수준
입니다. 그래서 저는 번역이 잘못되었든, 혹은 UN이 인용한 PAI의
기준이 잘못되었든 결론은 같다고 생각합니다. 우리나라는 물이 풍
부하지 않은 나라이며, 지역에 따라 물부족 현상이 증가하고 있는

상황이라고 봅니다.

심층수 —— 이 소장님의 말씀 중 우리나라가 물이 풍부하지 않다고 지적하신 부분에는 전적으로 동의하는 바입니다. OECD가 발표한 '2050 환경전망 보고서'에서도 우리나라가 2050년이 되면 물 스트레스가 40%가 되어 '고' 수준으로 올라갈 것이라고 경고하고 있습니다. 하지만 물부족 국가와 물 스트레스 국가는 엄연히 다르다고 생각합니다. 지금까지 정부는 물이 부족하다고 말하면서 댐 건설 등을 실시했지요. 하지만 우리나라는 강수량이 많은 편입니다. 물론 어느 특정 계절에 집중된다는 것이 문제이지만, 전체적인 강수량은 적은 편이 아닙니다. 문제는 국가가 이를 제대로 관리하지 못해 바다로 그냥 흘려보내는 물의 양이 많다는 데 있죠. 한 예로 각 가정에서 빗물을 얼마나 사용하고 있나요? 이러한 기본적인 것도 제대로 안 하면서 무조건 댐을 건설한다는 것은 환경 파괴라고 생각합니다.

주제 2
댐 건설은 물을 효율적으로 관리하기 위한 최고의 해결책인가

사회자 —— 두 분 다 물 한 잔씩 드시지요. 대단히 열띤 토론 감사합니다. 우리나라는 '물부족 국가'가 아니라 '물 스트레스 국가'라고 강하게 주장하시면서도, 충분히 '물 기근 국가'나 '물부족 국가'가 될 가능성이 있음에 동의하셨습니다. 토론을 들으면서 PAI에서 말한 기준 말고도 WPI, 물 스트레스 지수 등 다양한 지수가 있으므로 이를 활용한다면 한 나라의 물 상황을 정확하게 파악할 수 있다는 것도 새롭게 알 수 있었습니다. 그런데 이 소장님께서 수자원 확충을 위해 댐 건설을 언급하셨기에 이번에는 물을 효율적으로 관리하기 위한 방법과 관련해 다시 토론을 이어 가고자 합니다. 댐 건설은 물을 효율적으로 관리하기 위한 최고의 해결책일까요? 이에 대한 두 분의 의견이 궁금합니다. 이번에는 심 소장님부터 말씀해 주시겠습니까?

심층수 — 네, 물을 효율적으로 관리하기 위한 방법으로 많은 사람이 댐 건설을 생각할 것입니다. 우리나라는 물 관리를 목적으로 다양한 댐을 건설하였습니다. 국내에 있는 댐을 종류별로 나누어 보면, 다목적댐, 양수발전댐, 생공용수댐, 수력발전댐 등이 있으며 이미 많이 건설되어 있습니다.

사실 이렇게까지 댐을 지을 수 있었던 것은 물 확보라는 국가의 책무에 소임을 다하기 위함이었겠지만, 다른 이유가 있었는지도 모릅니다. 사실 국민들이 댐을 건설할 때 별다른 반대가 없었던 이유 중 하나는 우리나라가 물부족 국가라는 생각을 자연스럽게 했기 때문입니다. 그리고 이러한 인식은 당연히 댐 건설의 필요성을 역설할 수 있는 좋은 출발점이 되었을 것입니다. 물론 댐 건설 자체를 부인한다는 뜻은 아닙니다. 댐이 가진 순기능적인 측면도 인정합니다. 하지만 이제는 댐 건설만이 물을 효율적으로 관리하는 최고의 방법이라는 생각은 버렸으면 합니다.

이프로 — 댐은 우리나라처럼 수자원의 불균형이 심하여 홍수와 가뭄이 매년 발생하는 지역이라면 반드시 필요한 것 중 하나입니다. 한국

대댐회의 자료에 의하면, 우리나라의 댐과 저수지는 2010년 기준으로 건설 중인 시설을 포함해 총 17,656개소로 이 중 농업용수댐이 17,569개로 대부분을 차지하지만, 실제 유효 저수 용량을 기준으로 보면 다목적댐 20개가 68.3%를 차지하고 있음을 알 수 있습니다. 우리나라에서 댐 없이는 물 공급이 원활하지 못하다는 것은 누구나 다 아는 사실입니다. 중국, 미국, 일본, 인도 등 4개국이 보유하고 있는 대댐[5]의 수가 세계의 70%를 차지하고 있는데, 이들 나라는 각각 1,000개 이상의 댐을 갖고 있습니다. 우리나라의 경우, 동양 최대의 댐이라고 자랑하는 소양강댐의 높이가 약 123m로 현재 러시아가 건설 중인 335m에 비하면 매우 낮은 수치이고, 150m의 높이로 짓고 있는 중국이 87위이니 얼마나 낮은지 아시겠죠? 이는 유효 저수 용량과도 밀접한 관련이 있습니다.

심층수 ── 단순히 댐의 개수가 많거나 적거나로, 혹은 크거나 작다는 것으로 우리나라의 물부족을 강조하는 것은 본론에서 벗어난다고 봅니다. 이제는 댐 건설에 따른 부작용도 고민해야 할 시점이죠. 댐 호수 바닥에 퇴적물이 쌓여서 수질오염이 심화될 수도 있고, 댐 건설로 인해 주변 생태계가 파괴되거나 주변 지역의 날씨가 바뀌게 되어 길게는 기후 변화와도 연결될 정도로 피해가 클 수 있습니다. 실제로 브라질 아마존 열대우림 지역에 건설 중인 세계 3위 규모의 벨로 몬테Belo Monte댐 근처에서는 16톤 이상의 물고기가 떼죽음을 당한 일이 벌어졌습니다. 이는 생태계 파괴의 직접적인 증거가 아니겠습니까? 우리나라의 경우, 2020년 섬진강댐에서 초당 1,800톤이 넘는 물을 방류하여 구례와 곡성 등 하류 지역주민이 큰 피해를 본 사례가 있습니다.

댐을 짓는 것만이 물을 원활히 공급할 수 있는 최선의 방법이라고는 생각하지 않습니다. 지금 우리가 사용하고 있는 댐의 물을 잘 관리하는 것도 댐 건설만큼이나 중요하지 않을까요? 물이 부족해서 댐을 짓는다는 생각보다는 우리에게 주어진 물을 잘 관리하려는 또 다른 방법을 강구해야 할 때라고 생각합니다.

이프로 ── 심 소장님 말씀처럼 댐 건설로 인한 부정적인 평가가 만만치 않음을 잘 알고 있습니다. 방금 지적하신 내용은 모두 맞는 말씀입니다. 하지만 이런 문제는 지속적으로 개선해 나갈 것입니다. 그러니 미래를 생각해서 수자원을 확충하는 효율적인 대안도 병행해야 하지 않을까요?

앞으로 댐을 건설할 때는 친환경공법으로 건설하는 것을 국가에서 연구하고 있습니다. 예를 들어, 부산대학교 연구단이 하천유역의 특성을 고려한 구조적 수자원 확보기술 개발을 목표로 세계 최초로 블루댐 개념을 도입한 것에 주목할 필요가 있습니다. 블루댐은 홍수 기간 무의미하게 하류로 방류되었던 수량을 거둬들여 홍수 저감 효과는 물론 유역 내 수자원 확보를 위한 물그릇을 제공하는 역할을 하게 될 것입니다. 특히 블루댐은 기존에 건설된 본댐 하류에 설치되기 때문에 환경, 문화재 훼손 우려가 적을 뿐만 아니라 비용도 절감될 것으로 예상합니다. 이제는 댐을 친환경적으로 건설하는 방법에 대한 연구를 진행함으로써 댐 건설의 효율성과 생태계 안정성 측면을 함께 고려할 때입니다.

사실 우리나라의 저수 용량은 세계에 비하면 매우 뒤처집니다. 세계에서 가장 큰 저수 용량을 가진 대댐은 우간다의 오언폭포Owen falls 댐으로 2,048억 톤이나 됩니다. 중국의 싼먼샤Sanmenxia 댐은 354억 톤, 미국의 후버Hoover댐은 348억 톤인데, 우리나라 소양강댐은 불과 29억 톤에 불과합니다. 우리나라의 저수 용량이 얼마나 부족한지 비교되시죠?

심층수 ── 우리나라가 물이 부족하다는 것으로 계속 말씀하시는데, 오히려 물을 효율적으로 관리하지 못하는 측면이 더 크지 않을까요? 우리나라에 내리는 비의 양은 절대 적지 않습니다. 제시된 표를 보시면, 2007년 기준 우리나라의 연 강수량은 1,277mm로 세계 평균인 807mm보다 1.6배 정도 많았습니다. 단, 인구밀도가 높다 보니 1인당 연평균 강수량이 세계의 약 1/6 정도에 불과한 것이 문제지요. 댐 건설보다 더 시급한 것은 빗물을 잘 관리하려는 계획을 세우는 것입니다. 댐 건설을 진행하면서 환경을 파괴하고 막대한 예산을 사용하는 것보다는 적은 비용으로 생태계를 보전하면서 물을 잘 관리하는 것이 더 효율적이지 않을까요?

구분	한국	일본	미국	영국	중국	캐나다	세계 평균
연평균 강수량 (mm/년)	1,277	1,690	715	1,220	627	537	807
1인당 강수량 (m³/년)	2,629	4,993	22,741	4,907	4,530	164,595	16,427

▲ 주요 국가별 강수량 및 1인당 강수량

출처: 물환경정보시스템

이프로　　심 소장님도 말씀하신 것처럼 우리나라의 인구밀도가 높은 것이 결국은 물부족과 연관되지요. 여기에 우리나라의 지역별 강수 분포의 차이가 너무 큰 것도 문제입니다. 제주도와 남해안은 연평균 강수량이 1,400mm 이상인데, 영남 내륙 지방은 1,000mm 이하입니다. 그러니 홍수 피해를 막고 가뭄을 해소할 수 있는 가장 일차적인 방법은 바로 댐 건설일 수밖에 없습니다. 물론 저수지 개발도 중요하고요. 한순간에 바다로 흘러가는 물을 가두어 효율적으로 사용하는 댐이야말로 우리의 생활을 윤택하게 해 주는 데 꼭 필요한 것임을 다시 한번 강조해 봅니다.

주제 3

물의 사용량을 줄이면 물 스트레스로부터 자유로울 수 있는가

사회자　　우리나라에는 댐이 많아 안심하고 있었는데, 크기와 용량 측면에서 보니 다른 나라에 비해 많이 뒤처짐을 알게 되었습니다. 반대로 댐 건설이 환경 파괴에 막대한 영향을 미친다는 것 또한 충격적이었습니다. 이 주제 역시 결론을 내리기가 쉽지 않아 보입니다. 그렇다면 우리는 수자원을 어떻게 바라보아야 할까요? 수자원을 대하는 우리의 자세가 중요해 보입니다. 정말 물의 사용량을 줄이면 물 스트레스로부터 자유로워질 수 있을까요? 이 소장님부터 의견을 말씀해 주시기 바랍니다.

이프로　　이 토론을 통해 우리나라도 물이 부족함을 알게 되었을 것입니다. 물을 물 쓰듯이 대하는 우리의 자세는 이제 버려야 합니다. 우리 주변에 있는 물이 언제 어떻게 고갈될지 모르기 때문이죠. 물을 아껴 쓰는 것만이 최고의 방법입니다. 물 낭비는 우리의 미래를 어둡게 할 것입니다. 당장이라도 물을 절약하고 아껴 쓰는 생활을 실천해야 할 것입니다.

우리가 실천할 수 있는 것 중 가장 간단한 방법 하나를 소개해 보겠습니다. 일반 가정의 전체 물 사용량 중 약 1/4 정도가 욕실 사용량인데, 우선 이 사용량을 줄이는 것부터 시작해 보면 좋겠습니다. 샤워 시간을 절반으로 줄여 보신 적 있나요? 여러분이 샤워 시간을 2분만 줄여도 약 24L의 물을 절약할 수 있습니다. 최근에는 물줄기가 세게 나오도록 설계된 절수형 샤워 헤드가 발명되었으니 이를 사용하면 더 절약할 수도 있겠습니다. 또 양치할 때 양치 컵을 사용하면 1인당 최소 5L 정도를 절약할 수 있습니다. 이제 물이 흘러가면 돈이 흘러간다는 생각으로 물을 절약하려는 습관을 지녀야 할 것입니다. 1인당 물 사용량을 줄이는 것이 물 걱정으로부터 탈출할 수 있는 지름길임을 명심해 주세요.

심층수 — 물론 물을 아껴 쓰려는 자세는 기본 중의 기본일 것입니다. 하지만 저는 우리가 수자원을 바라보는 관점을 바꾸었으면 합니다. 물을 아껴 쓰려는 자세와 함께 낭비되고 있는 물을 사용할 수 있는 방법도 함께 고민해야 합니다. 아까 제가 빗물 재활용에 대해 잠깐 언급하였는데요. 물 순환은 빗물이 지하수나 하천으로 흘렀다가 다시 대기 중으로 돌아가는 자연계 물 순환과 상하수도 등의 시설과 같은 급배수시설의 영향에 따라 발생하는 인공계 물 순환으로 나눌 수 있습니다. 그런데 도시화로 인해 물이 아스팔트나 시멘트 속으로 스며들지 못해 대부분 하천으로 흘러가다 보니 사용할 물의 양이 점점 더 부족해지는 것이지요. 실제 2015년에 측정한 우리나라의 평균 불투수율[6]이 48.9%였고, 일부 도심지역에서는 무려 80%가 넘는 수치가 나왔다고 하니 얼마나 심각한지 아시겠죠?

그래서 저는 빗물 사용을 강조한 것입니다. 독일의 아파트에는 빗물을 모아 내리는 홈통이 많다고 합니다. 또 빗물을 지하 탱크에 모이도록 하고 모래와 자갈층을 통과시켜 지하수처럼 자연 정화방식으로 정수처리를 함으로써 하루에 소비하는 물 소비량을 급격하게 줄이고 있습니다. 이제 우리나라도 빗물을 적극적으로 활용할 수 있도록 노력해야 합니다. 물을 아껴 쓰는 것 이외에도 효율적으로 관리하고 사용하려는 노력이 반드시 뒷받침되어야 할 것입니다.

6 물이 땅에 스며들지 않는 정도

이프로 —— 빗물 사용도 물론 좋습니다. 그런데 저는 일단 국가가 우리에게 공급하는 물의 양을 아껴서 사용하는 것부터 관심을 가지면 좋겠습니다. 우리나라는 수돗물 공급 기준으로 1인당 333L 정도를 사용하고 있는데, 이 중 1인당 203L 정도를 가정용수로 사용 중입니다. 환경부 한강홍수통제소에서 인용한 한국수자원공사의 분석 결과에 따르면, 변기용으로 25%, 싱크대용으로 21%, 세탁기용으로 20%, 목욕용으로 16%, 세면용으로 11%, 기타 7%를 사용하고 있습니다. 이 중 변기용과 목욕용, 세면용을 합하면 무려 욕실에서만 약 52%를 사용하는 셈입니다. 그러니 욕실에서 물 사용량을 지금의 절반으로 줄일 수 있다면 물의 양을 많이 절약할 수 있을 것입니다. 또 환경부 상수도통계에 따르면, 1인당 일평균 물 사용량이 2005년에는 272L였으나 2018년에는 295L로 오히려 증가한 것으로 나타났습니다. 이는 독일이나 덴마크, 호주보다도 훨씬 더 많은 물 사용량으로, 1인당 물 사용량이 줄어들지 않으면 수자원 양은 그만큼 감소할 수밖에 없음을 인정해야 할 것입니다.

최근에는 물 절약을 위한 다양한 아이디어 제품이 시중에 많이 나와 있으니 이런 것들을 사용해서라도 물을 절약하려는 습관을 가져야 할 것입니다.

심층수 — 물을 아껴 쓰는 것은 우리의 의지가 뒷받침되어야 합니다. 물론 물을 돈으로 본다면 아껴 쓰려는 마음이 생기겠지요. 하지만 사람마다 소비 가치의 기준은 다를 수 있습니다. 물 사용을 소비의 대상으로 본다면 비용을 지불해서라도 마음껏 사용하려고 하지 않을까요? 그래서 저는 빗물의 효율적인 관리가 급선무라고 생각한 것입니다. 2020년에 경기도 수원시가 빗물 재활용 시스템을 활용하는 물 순환 도시를 조성하겠다고 발표한 적이 있습니다. 약 317개소에 이르는 빗물 저장시설을 활용해 총 10만 3,983.48L의 빗물을 저장하겠다는 계획입니다. 만약 전국적으로 이러한 계획이 수립되고 실천될 수만 있다면 엄청난 양의 빗물을 저장할 수 있지 않을까요?

도시계획 차원에서도 빗물을 재활용할 수 있는 시설을 확충하는 것이 절대적으로 필요합니다. 우리나라의 경우, 서울 광진구 자양동의 '스타시티'를 주목할 필요가 있습니다. 빗물 재활용이 67%에 달해 세계적인 벤치마킹 사례로 손꼽히고 있거든요. 도로에는 빗물받이를, 보도에는 투수성 포장을, 주택이나 건물 옥상, 공원이나 주차장에는 저류조 장치를 설치하여 지하수 또는 하수처리장으로 흘려보내어 빗물을 재활용할 수 있도록 지금부터라도 준비해야 할 것입니다.

마무리 발언

사회자 — 두 분 모두 말씀 감사합니다. 지금까지 '우리나라가 정말 물이 부족한 국가일까' 하는 원론적인 내용을 주제로 우리나라를 물부족 국가로 볼 수 있는지, 댐 건설은 물을 효율적으로 관리하기 위한 최고의 해결책인지, 물의 사용량을 줄이면 물 스트레스로부터 자유로울 수 있는지에 대해서 열띤 토론을 했습니다. 결국은 낭비되는 물을 효율적으로 관리하려는 시스템 구축과 함께 국민 모두 물을 아껴 사용하려는 생활 습관이 중요함을 두 분 다 마지막에 지적하셨는데요. 하지만 두 소장님께서는 물부족 국가를 바라보는 시각이나 댐 건설에 대한 의견, 물 절약과 빗물 사용에 대해서는 한 치의 양보 없이 다른 의견을 제시하기도 하였습니다. 이와 관련해서 마무리 발언을 간략하게 한 말씀씩 부탁드립니다.

이프로 — 벌써 토론이 끝나 아쉽네요. 정부 기관에서 우리나라를 물부족 국가가 아닌 물 스트레스 국가로 정정했다고 하지만, 결국 어떤 용어를 사용하더라도 우리나라는 물이 풍족하지 않음을 인정하고 있는 것 아니겠습니까? 물이 풍부하지 않은 나라에 살고 있음은 국민 여러분이 잘 알고 계실 것입니다. 그러므로 이런 말에 대한 시시비비를 따지는 것은 별로 중요하지 않다고 생각합니다. 그래서 저는 우리나라가 물 걱정 없이 그리고 홍수나 가뭄 등에 미리 대비하기 위해서라도 댐 건설은 필수적이라고 주장한 것입니다. 댐과 저수지를 지금보다 더 많이 개발하고 철저한 과학적 관리 시스템을 도입하여 물을 안정적으로 공급해 사용할 수 있는 국가 차원의 물 관리 시스템을 안착시켜야 할 것입니다. 물론 1인당 물 사용량을 줄이려는 노력은 당연하고요. 물 절약을 위한 다양한 아이디어를 생활 속에서 적극적으로 실천함으로써 물 걱정 없는 우리나라가 되길 희망해 봅니다.

심층수 ── 우리나라는 결코 물부족 국가가 아닙니다. 물 스트레스 국가이지요. 저 역시 우리나라가 물이 풍족하다고 생각하지는 않습니다. 하지만 물부족 국가라는 잘못된 정보를 국민에게 알려 주고, 이러한 위기감을 이용해 댐이나 저수지를 무분별하게 건설하는 일은 환경 및 생태계 파괴의 측면에서 더 큰 문제가 될 수 있음을 지적한 것입니다. 사실 우리나라는 비가 많이 내리기 때문에 물의 양 자체로만 보면 절대 부족하지 않습니다. 하지만 안타깝게도 이 물을 제대로 관리하지 못하여 낭비하는 물의 양이 너무 많다 보니 상대적으로 물이 빈곤한 것처럼 느껴지고 있습니다. 이 소장님 말씀처럼 지금 설치된 댐과 저수지를 잘 관리하고 국민이 스스로 물 사용량을 줄이려고 노력하는 것은 기본이 되어야 합니다. 하지만 저는 이것만으로는 부족하다는 점을 말씀드린 것입니다. 이제부터라도 빗물을 제대로 관리하고 재활용할 수 있는 중수도 시스템을 철저하게 계획해 국가와 지역사회 그리고 가정에서 관심을 갖고 실천해야 할 것입니다. 후손들이 물 때문에 고통받지 않도록 모두가 책임감을 가져야 할 때입니다.

사회자 ── 이 소장님의 물 걱정 없는 우리나라, 심 소장님의 물에 대한 책임감이라는 말씀이 제 가슴 속에 깊이 새겨집니다. 두 분 모두 멋진 근거와 의견으로 토론에 임해 주셔서 감사합니다. 모두가 물 걱정 없이 사는 그날이 오기를 꿈꿔 봅니다. 감사합니다.

자연의 선물을 이용하는 그린잡, 빗물 사용 전문가

여러분은 혹시 조선 후기에 나무 물통 두 개를 물지게 양쪽 끝에 매달고 물을 길어 와서 각 가정에 돈을 받고 판매했던 물장수를 아시나요? 시간이 지나면서 자연스럽게 물장수라는 직업은 사라졌지만, 앞으로 기후 변화 시대에 대비하기 위한 새로운 그린잡으로 빗물 사용 전문가를 생각해 볼 수 있습니다.

빗물 사용 전문가는 비를 물탱크에 받아서 저장하고 우리가 일상생활에서 이 물을 사용할 수 있도록 도움을 주는 일을 주로 합니다. 자연의 선물인 빗물을 받아서 생활용수로 사용할 수만 있다면 물로 인한 스트레스를 줄이고 환경보호와 수도 사용에 따른 비용도 절약하면서 생활할 수 있을 것입니다.

빗물 사용 전문가는 우리나라뿐만 아니라 독일, 대만 등에서도 중요한 역할을 하고 있는데요. 특히 각종 건물에서 빗물 여과 장치 등을 설치하기 위한 공정 설계와 사후 관리 등을 빗물 사용 전문가가 담당하고 있다고 하니 우리나라도 이러한 빗물 사용 전문가를 더 많이 양성하여 수자원을 잘 관리할 수 있으면 좋겠습니다.

마무리
하기

우리나라는 정말 물이 부족한 것일까

1. 다음 우리나라의 물부족에 관한 토론 내용을 보고, 각 주장에 관한 근거를 정리해 적어 보세요.

우리나라는 정말 물이 부족한 것일까?

우리나라를 물부족 국가라고 볼 수 있는가?	우리나라는 물부족 국가이다. 근거 :	우리나라는 물부족 국가가 아닌 물 스트레스 국가이다. 근거 :
댐 건설은 물을 효율적으로 관리하기 위한 최고의 해결책인가?	우리나라의 지역적 특성을 고려할 때 댐 건설은 물을 잘 관리할 수 있는 최적의 방법이다. 근거 :	댐을 건설한다고 해서 물 걱정으로부터 해방되는 것이 아니다. 오히려 환경을 파괴할 수 있다. 근거 :
물의 사용량을 줄이면 물 스트레스로부터 자유로울 수 있는가?	1인당 물 사용량을 줄이는 것이 시급하다. 근거 :	제대로 관리하지 못하는 물을 어떻게 활용할지를 우선 고민해야 한다. 근거 :

2. 우리나라의 효율적인 물 관리에 관한 본인의 입장을 적어 보세요.

42　　　교과서 토론 | 환경

▲ **빈센트 반 고흐**(1853~1890년), **「생트마리드라메르의 바다 풍경」**, 1888년. 고흐가 프랑스 남부의 작은 바닷가 마을에서 그린 그림으로, 역동적인 파도와 다양하게 표현된 푸른빛 바다가 인상적인 작품이다. 물부족으로 이렇게 아름다운 바다가 사라지지 않게 경각심을 가져야 할 때이다.

· 쟁점 2 ·

멸종

— 멸종 시계를 멈추기 위해 인류가 개입해도 될까

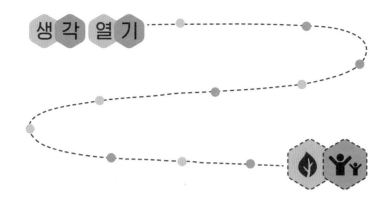

'같은 종인데, 왜 생김새가 다를까?'

1830년대, 비글호를 타고 남태평양 일대와 갈라파고스 제도[1]를 탐험하던 찰스 다윈은 조금씩 떨어져 있는 섬에 사는 같은 종의 생물 사이에도 생김새의 차이가 있다는 사실에 관심을 가집니다. 같은 종의 핀치새임에도 불구하고, 각 섬의 먹이 종류에 따라 부리 모양이 다르고, 같은 종의 거북임에도 섬의 환경에 따라 등딱지의 모양이 다르다[2]는 것을 발견한 것입니다.

다윈은 이러한 발견을 통해 1859년, 자연과학뿐만 아니라 사회 전반 및 세계관에까지 영향을 주게 된 『종의 기원』을 발표합니다. 다윈은 '생물의 진화'를 언급하며 '오랜 세월에 걸쳐 생물 종은 변화하며, 환경에 더 잘 적응하는 개체가 살아남는다'는 자연선택을 주장합니다. 냉혹한 생존경쟁에서 당시의 환경에 적응한 개체는 살아남고, 그렇지 못한 개체는 사라지고 만다는 것입니다. 이렇게 진화로 새로운 종들이 등장하기도 하고,

태평양에 있으며, 화산활동으로 형성된 19개의 섬으로 이루어져 있다. 섬들이 서로 떨어져 있는 환경은 이 지역에서 육지이구아나, 갈라파고스땅거북, 핀치 등 희귀한 동물들이 발달하도록 만들었다. 이 생물들은 다윈이 자연선택에 의한 진화론을 주장하는 데 큰 영감을 주었다.

습하고 먹이가 풍부한 지역의 거북은 등딱지가 돔 형태이고 그렇지 않은 지역은 말안장 형태이다.

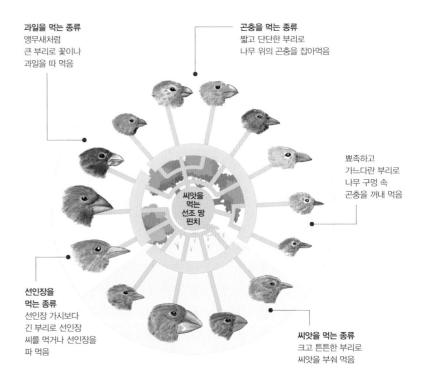

과일을 먹는 종류
앵무새처럼
큰 부리로 꽃이나
과일을 따 먹음

곤충을 먹는 종류
짧고 단단한 부리로
나무 위의 곤충을 잡아먹음

씨앗을
먹는
선조 땅
핀치

뾰족하고
가느다란 부리로
나무 구멍 속
곤충을 꺼내 먹음

**선인장을
먹는 종류**
선인장 가시보다
긴 부리로 선인장
씨를 먹거나 선인장을
파 먹음

씨앗을 먹는 종류
크고 튼튼한 부리로
씨앗을 부숴 먹음

▲ 갈라파고스 제도와 코코섬에 사는 핀치새 14종의 진화 계통도: 공통 조상인 땅 핀치새로부터 거주 환경과 먹이 종류에 따라 부리의 모양과 크기가 다르게 진화했다.

있던 종이 사라지기도 합니다.

약 45억 년의 지구 역사에서 약 35억 년 전 최초로 생물이 나타난 이후, 이러한 변화는 아주 조금씩 꾸준히 나타나 왔습니다. 하나의 공통 조상으로부터 긴 세월을 거치면서 환경 변화에 따라 종이 새로 생기기도 하고, 사라지기도 하며 현재 생태계의 모습을 갖추게 된 것이지요.

우리는 이러한 과거 지구 생물 종의 변화를 화석[3] 증거를 통해 확인할 수 있습니다. 지층에 남아 있는 화석 자료를 통해 지금은 존재하지 않지만 과거 지구에 살았던 생물의 존재를 확인하고, 그 변화 과정을 연구함으로써 진화의 과정을 탐구할 수 있는 것이지요. 또 화석으로 발견되어 멸종했다고 알려졌다가 최근에

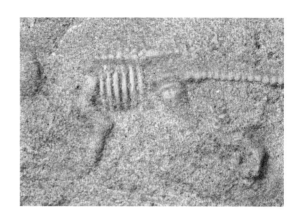

▲ 화석 증거를 통해 지층에 남은 과거 생물의 흔적을 찾아볼 수 있다.

다시 발견된 '실러캔스'[4]와 같은 생물의 DNA[5]를 통해 지구 생물의 진화 과정을 더 자세히 들여다보기도 합니다.

　이렇게 생물은 공통 조상에서 출발하여 그 수와 종류가 끊임없이 변화해 왔습니다. 그렇다면 진화에 의한 생물 종의 변화는 지금도 계속되고 있을까요? 앞으로 새로 등장하게 될 생물은 무엇이고, 사라지게 될 생물은 무엇일까요? 이 과정에서 인류는 어떤 역할을 하고 있을까요?

지질 시대에 살았던 고생물의 유해나 흔적이 남아 있는 것

'살아 있는 화석'으로 불리는 유악류(턱이 있는) 물고기로 약 3억 7천 5백만 년 전에 지구상에 출현하여 약 7천 5백만 년 전에 멸종한 것으로 추정되었으나, 1938년 남아프리카 공화국 근해에서 살아 있음이 확인되었다.

생물의 유전자 안에 존재하는 고분자 화합물로, 뉴클레오타이드의 중합체인 두 개의 긴 가닥이 서로 꼬여 있는 이중나선 구조로 되어 있다. DNA는 생물이 스스로를 복제하고 유전 정보를 통해 유전자 발현이 일어나게 한다.

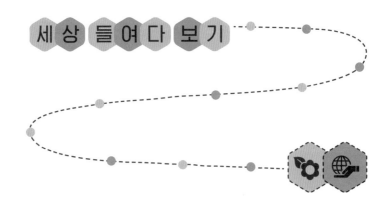
세 상 들 여 다 보 기

수백만 년 전 멸종한 공룡은 그 흔적을 남겨 놓았어요.

공룡의 피를 빨아먹은 모기가 갇힌 호박 화석[6]을 발견한 거예요.

– 영화 「쥬라기 공원」 중

6
송진 같은 나무의 진이 덩어 리로 뭉쳐 오랜 시간이 지나 면서 딱딱해진 화석

1993년에 개봉한 영화 「쥬라기 공원」에는 과거 생물의 흔적인 화석을 이용해 멸종한 생물을 복원하는 과학자가 등장합니다. 과거 지구에 존재하던 공룡의 피를 빨아먹은 모기가 송진에 둘러싸여 호박 화석 안에 갇히게 되고, 이 모기의 피에서 멸종한 공룡의 DNA를 추출해 완벽하게 복원해 내는 것이지요.

한 생물 종의 수가 점점 줄어들다가 결국 완전히 사라지는 것을 '멸종'이라고 합니다. 특히 한 생물만이 아니라 생태계 전체에 걸쳐 전 지구적으로 일어나는 멸종을 '대멸종'이라고 하는데, 이는 긴 지구 역사에서 상대적으로 짧은 '백만 년 이내에 생물의 75% 이상이 한꺼번에 멸종했던 사건'을 의미합니다.

교과서 토론 | 환경

과거 지구는 '다섯 차례의 대멸종'을 겪었는데, 우리는 그 원인을 급격한 환경 변화로 추리하고 있습니다. 운석, 소행성 충돌 같은 지구 외부 요인이나 조산운동[7]에 의한 화산활동 같은 지구 내부 요인으로 인해 기온, 대기 중 산소 농도 등 지구의 환경이 변합니다. 이러한 급격한 변화에 생물 종이 적응하지 못하고 많은 종이 한꺼번에 사라지게 되었다고 보는 것이죠.

영화상에서 복원해 낸 공룡은 이 다섯 차례의 대멸종 중 마지막인 백악기 말에 멸종한 대표적인 생물입니다. 중생대의 지구를 지배하던 공룡의 멸종 원인으로 가장 유력한 가설은 약 6,500만 년 전 발생한 소행성 충돌입니다. 현재의 멕시코 남동부인 유카탄반도에 소행성이 충돌하면서 만들어진 충격파와 산성비, 대량의 먼지에 의해 지구 기후가 급변하면서 공룡이 이 변화한 환경에 적응하지 못하고 결국 멸종했다는 것입니다.

영화가 처음 개봉한 당시만 하더라도 '복원'은 말 그대로 영화의 소재로 인식되었습니다. 공상과학의 영역이었던 것이지요. 그러나 기술이 점점 발달하면서 허무맹랑하게 보였던 영화 속 이야기가 점점 현실이 되어 가고 있습니다. 멸종생물의 복원 가능성이 최근 점점 탄력을 받고 있기 때문입니다.

2013년에 시베리아의 눈 덮인 들판에서 살아 있을 때의 모습을 거의 완벽하게 가진 매머드 사체가 발견되었습니다. 매머드는 약 480만 년 전에 지구에 나타난 몸집이 큰 포유류로, 불과 4천 년 전까지도 지구상에 존재했으나 어느 순간 멸종되어

지구 표면을 덮은 판이 이동하면서 부딪치거나 파고드는 운동으로, 지진이나 화산활동이 함께 일어난다.

지금은 극 주변의 얼음 속에서 꽁꽁 언 상태로 가끔 발견되고 있습니다. 복원을 연구하는 과학자들은 이 매머드에 많은 관심을 기울여 왔습니다. 죽은 매머드의 피부 조직 등이 저온에서 살아 있을 때의 상태를 비교적 잘 보존하며 발견되는 데다가, 매머드가 최근까지 인류와 함께 살던 거대 포유동물이기 때문입니다. 그런데 드디어 얼음 속에 갇혀 있던 이 매머드의 몸에서 굳지 않은 혈액을 채취할 수 있었습니다. 덕분에 혈액에서 멸종된 매머드의 DNA를 추출할 수 있게 된 것입니다.

최근 멸종생물 복원과 관련해 유전 공학 분야에서 눈부신 기술 발전이 있었습니다. 이미 멸종한 개체와 유전적으로 가장 가까운 현존 생물을 찾아, 복원하고자 하는 생물의 유전자 일부를 잘라 낸 후 현존하는 생물의 해당 유전자 부위에 붙이는 '유전자 가위'[8] 기술입니다. 매머드의 경우, 유전적으로 비슷한 코끼리에 이 기술을 적용하면 매머드의 특성을 가진 코끼리를 탄생시킬 수 있습니다. 이 생물은 코끼리와 비슷한 동시에 코끼리보다 작은 귀, 긴 털과 피하 지방, 추위에 적응하는 혈액 등을 갖추어 한때 추운 지방에서 번성했던 매머드의 특성도 갖게 됩니다. 최신 기술로 알려진 제3세대 '크리스퍼 유전자 가위' 기술은 매우 정교한 유전자 추출이 가능해 매머드를 비롯한 멸종동물의 복원에 큰 도움이 될 것으로 기대되며, 2020년에 노벨 화학상을 받기도 했습니다.

멸종한 과거 생물의 DNA 추출 기술이 발달함에 따라 영화

동식물 유전자에 결합해 특정 DNA 부위를 자르는 데 사용하는 인공 효소

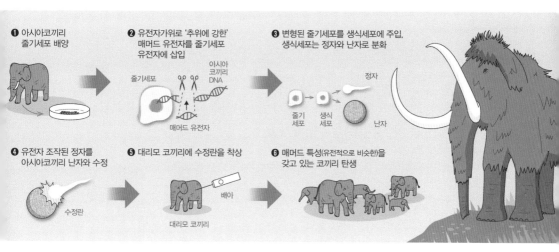

① 아시아코끼리 줄기세포 배양

② 유전자가위로 '추위에 강한' 매머드 유전자를 줄기세포 유전자에 삽입

줄기세포

아시아 코끼리 DNA

매머드 유전자

③ 변형된 줄기세포를 생식세포에 주입, 생식세포는 정자와 난자로 분화

정자

줄기 세포

생식 세포

난자

④ 유전자 조작된 정자를 아시아코끼리 난자와 수정

수정란

⑤ 대리모 코끼리에 수정란을 착상

배아

대리모 코끼리

⑥ 매머드 특성(유전적으로 비슷한)을 갖고 있는 코끼리 탄생

▲ 최신 기술을 이용한 매머드 복원 과정

「쥬라기 공원」이 점점 현실로 다가오는 모양새입니다. 그런데 멸종생물의 복원 외에도 우리가 추가로 관심을 가져야 할 부분이 있습니다. 그것은 바로 과연 어떠한 환경 변화로 인해 인간과 함께 살던 생물들이 멸종했는지 그 원인을 탐구하는 일입니다.

과학자들은 현재에도 이어지고 있는 생물의 멸종에 많은 관심을 두고 있습니다. 조금 더 불안한 미래를 예측하는 과학자들은 지금이 여섯 번째 대멸종이 이어지고 있는 시기라고 말하며 인류가 경각심을 가져야 한다고 주장하기도 합니다. 변화하는 환경에 적응하며 안정된 생태계에서 살아갈 인류의 행복한 미래를 위해서는 지구상에 인류와 함께 번성하던 생물이 어떤 까닭으로 멸종했는지, 멸종생물의 복원이 우리에게 어떤 영향을 주게 될지 생각해 볼 필요가 있습니다. 꾸준히 이어지고 있는 진화의 과정에서 앞으로 멸종하게 될 대상은 어떤 생물이며, 이를 막기 위해 우리는 어떤 역할을 해야 할지도 깊이 생각해 보아야 할 때입니다.

멸종 시계를 멈추기 위해
인류가 개입해도 될까

주제 펼치기

2016년 「사이언스」의 발표에 따르면 1500년대 이후 지구 상에서 하루에 30~160여 생물 종이 사라지고 있다. 동물을 살펴보면 보석 달팽이, 세인트헬레나 집게벌레, 도도새, 독도 강치, 동부 퓨마와 같이 이미 멸종이 선고된 종도 있고, 양쯔강 돌고래, 백두산 호랑이와 같이 현재까지는 멸종 위기종으로 지정된 것들도 있다. 식물의 경우에는 더 심각하여 2019년 기준, 최근 250년 동안 일어난 멸종을 대상으로 볼 때 동물의 2배 규모가 이미 멸종되었거나 멸종 위기종이라는 연구 결과도 있다. 이에 따르면 최근 식물의 멸종 속도는 자연선택으로 도태되는 데 걸리는 시간에 비해 최대 500배 빠르다. 시간의 범위를 좁혀 생물의 멸종 속도를 보면, 15분마다 지구상에 존재하는 한 종의 생물이 멸종된다고 할 만큼 심각한 종의 변화가 나타나고 있는 것이다.

생물의 멸종에 대한 심각한 위기의식과 함께 과학자들은 이 비극을 막을 방법을 모색해 왔다. 그것은 이미 지구상에서 사라졌거나 사라지고 있는 종을 되살려 내는 것, 바로 '복원'이다. 이러한 기류는 최근 이어지고 있는 유전 공학적 기술 발달로 힘을 얻어 우리는 복원된 생물을 눈앞에 마주할 날이 곧 올 것이라고 예견하고 있다.

반면에 인간에 의한 생물 복원을 우려하는 시각도 있다. 멸종을 막기 위해 인류가 자연에 개입하는 것이 또 다른 생태계의 불균형을 불러올 수 있다는 우려 때문이다. 과연 인류가 멸종 시계를 멈출 수 있을까? 이 문제에 관한 답을 찾기 위해 생물 복원에 관해 긍정적 입장과 부정적 입장을 가진 두 분의 전문가를 초청하여 토론회를 열게 되었다.

여름에도 녹지 않고 2년 이상 일 년 내내 항상 얼어 있는 퇴적물이나 기반암으로, 주로 북극의 고위도에 위치한다.

사회자 — 최근 시베리아 영구동토층[9]의 두꺼운 얼음 속에서 발견된 매머드 사체에 대한 전 세계적인 관심이 뜨겁습니다. 이 매머드 사체에서 영하의 온도에서도 얼지 않고 흐르는 혈액을 추출하게 되었기 때문인데요. 혈액 속 유전자 추출로 그동안 꿈의 기술로 불가능하다고 여기던 멸종동물의 복원 가능성에 대한 기대가 커지게 되면서 사람들의 주목을 받고 있습니다. 이러한 움직임에 대한 우려 섞인 목소리도 높은데, 이들은 인류가 개입된 멸종생물 복원이 몰고 올 또 다른 파장을 걱정하고 있습니다. 그래서 오늘은 '멸종 시계를 멈추기 위해 인류가 개입해도 될까?'라는 주제로 두 분 전문가를 모시고 토론의 시간을 가져 보려고 합니다. 먼저, 멸종생물의 복원에 긍정적인 입장이신 사피로 대학의 이가능 교수님, 반대로 인류에 의한 생물 복원에 부정적 입장이신 자연선택 연구소의 김지속 소장님을 모셨습니다. 먼저, 두 분의 주장을 들어 보도록 하겠습니다.

이가능 ── 안녕하십니까? 최근 비약적인 생명 공학 분야 기술의 발달에 따라 멸종생물을 거의 원래의 모습대로 복원하는 일이 가능해지고 있습니다. 멸종생물을 복원하는 방법에는 여러 가지가 있습니다. 멸종된 종과 유전적으로 비슷한 살아 있는 동물 종을 선택적으로 교배시켜 사라진 동물 종의 특성을 되살리는 '역교배', 무성생식에 의해 특정 유전자 개체를 만드는 '클로닝', 멸종동물의 유전자를 편집 추출해서 살아 있는 생물에 주입하는 '유전자 가위' 기술입니다. 이처럼 과학기술의 발달에 맞추어 복원 기술 증진을 위해 노력하는 것은 멸종 위기종의 보호를 넘어서서 좀 더 적극적으로 대멸종에 대비하는 방법입니다. 이미 멸종한 개체를 되살림으로써 종의 다양성을 유지할 수 있고, 이는 생태계가 안정적으로 유지되는 데 중요하기 때문입니다.

김지속 ── 생명 공학 분야 기술을 이용해 현존하는 멸종 위기종을 보호하고 숫자를 늘리는 것은 매우 의미 있는 일이라고 생각합니다. 하지만 자연의 흐름에 반하여 인간의 힘으로 이미 멸종된 생물을 되살려 내는 것은 다른 문제입니다. 지구상에 최초의 생물이 탄생한 약 35억 년 전부터 생물은 끊임없이 진화해 왔습니다. 새로운 종이 탄생함과 동시에 환경에 적합하지 않은 종은 사라졌습니다. 이는 자연의 순리입니다. 이를 역행하여 이미 멸종한 동물을 되살리는 것은 미처 예상하지 못한 또 다른 문제를 일으킬 우려가 있습니다. 많은 과학자는 멸종이 인류의 이기심 때문이라고 주장합니다. 인류에 의한 멸종생물의 복원은 결국 인류의 이해관계에 따를 수밖에 없고, 이는 또 다른 인류의 이기심이 아닌지 생각해 볼 때입니다.

주제 1
매머드는 인류에 의해 멸종했는가

사회자 —— 네, 두 분 말씀 잘 들었습니다. 두 분께서도 현존하는 생물들을 보호하는 일이 우선시되어야 한다는 데에는 동의하시는 것으로 보입니다. 말씀을 듣다 보니 김지속 소장님께서는 지금 진행되고 있는 생물 멸종에 인류가 차지하는 영향력이 매우 크다고 인식하고 계신 것 같습니다. 인류의 역사가 시작된 이래에 지구상에서 나타난 멸종은 정말 우리 인류 때문일까요?

이가능 —— 그렇지 않습니다. 김지속 소장님 말씀처럼 오랜 과거에 인류가 출현하기 전에도 자연선택은 꾸준히 이어져 왔습니다. 우리는 그 원인을 환경 변화 때문이라고 추리합니다. 여러 연구 자료를 통해서 과거 다섯 차례의 대멸종 또한 지구 내외부적인 요인으로 인한 기온, 해수면, 대기 상태 등 기후의 급격한 변화 때문이라는 데 동의하고 있으니까요. 매머드의 멸종 또한 이와 마찬가지 이유라고 생각합니다.

일반적으로 우리는 매머드가 눈과 얼음으로 뒤덮인 매우 추운 지역에서 살았을 것이라고 여깁니다. 하지만 과학자들은 매머드가 온난한 초원 지대에서 살았다고 추리합니다. 매머드와 유전자형이 가까운 코끼리가 주식인 풀과 물을 구하기 좋은 환경이 매머드가 살던 환경과 비슷하다고 생각하는 것입니다. 그런데 멸종된 매머드가 화석으로 발견되는 곳은 단단한 얼음층입니다. 이곳에서 매머드 사체가 온전한 상태로 발견된다는 사실은 짧은 시간에 죽어 파묻혔다는 것이고, 이는 급격한 환경 변화가 원인이라고 추론할 수 있습니다. 다시 말해 기후 변화의 적응에 실패한 것이지요.

김지속 ── 유발 하라리는 그의 책 『사피엔스』에서 진화의 결과로 똑똑해진 인류가 항해술을 발전시켜 지구상 곳곳에 정착하게 되었고 인류의 생존을 위해 그 지역에 수천 년 동안 정착했던 동식물의 멸종을 초래했다고 주장합니다. 특히 몸집이 큰 매머드는 인류에게 아주 좋은 단백질 공급원이었고, 빙하기에 적응한 매머드가 사는 추운 지역은 남은 고기를 얼려 저장했다가 먹을 수도 있어 효율적이었습니다. 그 외에도 매머드는 인류에게 따뜻한 모피와 귀한 상아도 제공했지요. 엄청난 양의 매머드 뼈로 지은 막집 유적지가 존재하고, 심지어 매머드 전문 사냥꾼이 있을 정도였다고 하니 매머드 멸종은 인류 때문이라고 여기는 것이 타당합니다. 매머드뿐만 아니라 동굴사자, 털코뿔소 등 홀로세[10]의 대형 포유류 멸종은 통상적으로 인류 때문이라고 볼 수 있습니다.

약 1만 년 전부터 현재까지의 지질 시대를 일컫는 말로, 신생대 제4기의 두 번째 시기이다.

이가능 ── 캘리포니아대학교의 제임스 케네트 교수는 운석 때문에 매머드가 멸종했다고 주장합니다. 운석 충돌의 영향으로 지구의 기온이 급격히 낮아졌고, 이 때문에 이가능 소장님이 앞서 언급한 매머드를 비롯한 거대 포유류들이 멸종했으며 인류 문명의 일부도 잊히고 말았다는 것이지요.

이와 비슷하게 기후 변화에 의한 멸종을 주장하는 펜실베이니아 주립대학교 연구팀은 지구상에 마지막으로 멸종된 세인트폴섬에 살았던 매머드의 멸종 이유가 물 때문이라는 결과를 발표했습니다. 지구온난화로 인해 해수면이 상승하면서 매머드의 서식지가 점점 좁아졌습니다. 바닷물에 의해 매머드의 먹이인 식물이 줄어들고, 눈이 녹아 바다로 흘러들면서 마실 물조차 사라지게 되자 배고픔과 갈증으로 멸종하게 되었다는 것입니다. 인류가 이 섬을 발견한 것은 18세기입니다. 이미 매머드가 멸종한 이후지요. 이것으로 볼 때 매머드는 기후 변화로 인해 멸종했다고 보는 것이 타당합니다.

김지속 —— 러시아 브랑겔섬에는 매머드가 약 3,500년 전까지 살아 있었다고 합니다. 빙하가 많아 인간의 접근이 어려웠던 북극해에 위치한 이 섬은 가장 가까운 육지와 142km나 떨어져 있어 인간의 접근이 매우 어려웠습니다. 인간의 손길이 닿기 힘든 오지였던 까닭에 이곳의 매머드가 역사시대가 시작된 비교적 최근까지 생존할 수 있었던 것 아닐까요?

매머드와 같은 몸집이 큰 동물들은 적은 수의 새끼를 낳으며, 키우기까지 오랜 세월이 걸리기 때문에 개체 수를 급격히 늘리기 힘듭니다. 이에 인류의 무분별한 매머드 사냥이 더해지면 걷잡을 수 없는 결과를 가져오게 되지요. 인류가 사냥으로 모든 매머드를 잡아먹었다는 것은 아닙니다. 다만, 유전형이 비슷한 코끼리의 습성과 연관시켜 볼 때 번식기의 늙은 수컷이 제 역할을 못했음을 유추할 수 있습니다. 번식기가 되면 젊은 수컷은 흥분하여 암컷과 새끼를 공격합니다. 이를 제어하는 역할을 늙은 수컷이 하는데 인간에 의해 힘이 약한 늙은 수컷이 잡아먹히면 이러한 역할이 이루어지지 않아 개체 수가 감소하는 것이지요. 실제로 인간과 공존하던 시기의 매머드 화석을 보면 동종인 매머드에게 공격당한 흔적이 있는 화석이 발견되기도 합니다. 이로 볼 때 매머드 멸종의 원인은 인류 때문으로 보는 것이 맞습니다.

주제 2
매머드를 되살려도 될까

사회자 —— 매머드 멸종 원인에 대한 두 분의 의견 잘 들었습니다. 양측에서 제시하는 근거가 탄탄하여 주장이 매우 팽팽합니다. 이번에는 매머드를 되살리는 것이 옳은지, 만약 그렇지 않다면 그 이유가 무엇인지 심도 있게 논의함으로써 앞서 간단하게 언급한 멸종생물 복원의 유용성과 문제점을 살펴보겠습니다. 긍정적 입장이신 이가능 교수님 먼저 발언해 주시죠.

이가능 —— 멸종생물을 복원하려면 납득할 만한 이유가 꼭 필요합니다. 복원한 종이 현재 환경에 어떤 역할을 할 것인지 깊이 생각해야 하지요. 우리는 생물 복원의 첫 번째 필요성을 '생태계 안정성 회복'으로 보고 있습니다. 지난 25년 동안 옐로스톤 국립공원의 변화가 좋은 예가 됩니다.

과거 늑대는 넓은 지역에 걸쳐 분포하고 있었습니다. 그런데 19세기에 미국인들이 자신들이 키우는 가축을 잡아먹는 늑대를 사냥하기 시작했고, 결국 1920년대에 옐로스톤의 모든 늑대가 사라졌습니다. 최상위 포식자인 늑대가 사라지자 초식 동물 개체 수가 급증했고, 이들이 어린 식물까지도 먹어 치우면서 생태계 균형이 완전히 무너지게 되었지요. 심각성을 느끼고 1995년에 다시 옐로스톤으로 캐나다산 늑대를 옮겨 왔을 때 포식자인 늑대가 지역 농가에 줄 피해를 우려하는 목소리도 높았습니다. 하지만 시간이 흐르면서 늑대의 주식인 초식 동물 엘크의 수가 50% 감소하고, 덕분에 식물 생태계가 살아납니다. 이는 연쇄적으로 작은 포유류의 서식지가 넓어지는 결과로 이어졌고, 결국 옐로스톤의 생태계는 안정되었습니다. 사라졌던 늑대의 복원이 무너진 생태계를 다시 살린 것입니다.

매머드 복원 또한 이러한 긍정적인 영향을 줄 것으로 기대하고 있습니다. 하버드대학교 매머드 복원 프로젝트 책임자인 조지 처치 교수는 과거 초원이던 북극이 매머드 멸종으로 인해 툰드라[11]로 바뀌었다고 말합니다. 매머드가 사라지면서 매머드 배설물을 통해 식물 씨앗이 더 이상 퍼지지 못하게 되어 식물 생태계가 급격히 파괴되었습니다. 식물 생태계 파괴는 대기 중 이산화탄소 농도 증가로 이어졌고, 지구의 온도가 상승하는 결과를 가져오게 된 것이지요. 매머드를 복원해 이 지역에 되돌려 놓으면 초원 생태계가 살아나는 결과를 가져올 수 있을 것입니다.

현재 북극해 연안의 동토 지대로 지의류, 이끼와 같은 특수 생물들과 함께 방동사니 등의 초본, 버드나무류의 키 낮은 나무들이 혼재하는 지역

김지속 —— 앞서 우리가 살펴보았듯 지구상에서 이미 사라진 종은 어떤 이유에서든 변화한 환경에 적응하지 못한 결과입니다. 한 종이 멸종하면 생태계는 그 상황에 적응하고자 변하기 때문에 이미 매머드가 번성하던 시기와 지금 환경은 많이 다릅니다. 매우 큰 비용과 긴 시간을 들여 매머드를 복원했다고 합시다. 과연 복원된 매머드가 현재의 환경에서 잘 살아갈 수 있을까요? 재멸종을 초래할 수도 있다고 봅니다. 또 복원된 매머드가 지금의 생태계에 어떤 영향을 미칠지도 우리는 알 수 없습니다. 오히려 복원된 종들로 인한 질병이나 생태계 교란으로 현존하는 종에게 피해를 줄 가능성도 간과할 수 없습니다.

이미 멸종한 생물과 유전적으로 비슷한 종을 이용한 복원 시도가 이어지고 있는데, 이것을 완전한 복원이라고 볼 수 있는지도 생각해 보아야 합니다. 사실상 인간에 의해 자연에 없던 새로운 종을 탄생시키는 결과가 될 수 있습니다. 매머드도 유전적으로 유사한 코끼리를 이용해 복원하는 것으로 알고 있습니다. 코끼리는 자손 생성 주기가 5년으로 매우 길고 그 자체로 이미 멸종 위기종입니다. 코끼리를 이용한 매머드 복원이 성공했는지 결과를 보려면 매우 긴 시간이 필요한데, 이런 위험을 감수하기보다는 현존하는 생물의 멸종 위기를 막기 위해 시간과 자원을 투자하는 것이 더 효과적이지 않을까요?

이가능 —— 복원을 통해 멸종생물과 완전히 같은 개체를 탄생시키기는 어려울지도 모르지요. 하지만 복원 시도를 통해 멸종생물의 유전자를 연구함으로써 그 특성을 되살릴 수 있다는 점은 앞으로의 생물

종 다양성 유지를 위해 중요합니다. 또 연구가 거듭될수록 유전 공학이 점점 발전하게 되어 아직 밝혀지지 않은 생물 사이의 진화적 연관성을 밝혀낼 수도 있고, 멸종 위기종을 보호하는 데에도 이용될 수 있겠지요.

무엇보다도 인간의 무분별한 생태계 파괴로 인해 생물이 멸종되었다면 되살리는 것이 생태계를 위한 인간의 의무가 아닐까 생각합니다. 완전히 사라져 버렸던 생물들이 인류의 노력으로 되살아나 환경에 잘 적응하는 모습을 보게 된다는 생각만으로도 멋지지 않습니까?

김지속 ── 복원되어 새로운 환경에 적응해 살아가야 하는 생물의 입장에서 볼 때 과연 그것이 그들을 위한 일일까요? 우리는 순전히 인류의 목적을 위해 복원을 이용하고 있는 것은 아닌지 생각해야 합니다. 이미 복원이 이루어진 생물의 사례를 보더라도 해결해야 할 문제가 많습니다. 대표적으로 복원을 통해 탄생한 개체의 수명이 매우 짧다는 것입니다. 이는 복원 과정에서 생물체 내에서 저항이 발생하기 때문이라고 추정하고 있는데, 인간의 성취를 위해 수명이 짧은 동물을 인위적으로 탄생시키는 것이 윤리적으로 맞는 일인지도 생각해 볼 문제입니다.

복원된 매머드가 살아갈 수 있는 생존 환경 역시 마련 가능한지 생각해야 합니다. 유전 요인과 함께 환경 요인도 종의 특성을 결정합니다. 예를 들어, 새끼 매머드는 매머드 군집에서 자라며 어미 매머드의 변을 먹어 자신에게 필요한 장내 미생물을 섭취합니다. 복원으로 탄생한 매머드가 잘 자라기 위해서는 적절한 기후와 환경뿐만 아니라, 매머드 군집과 부모의 적절한 돌봄까지 필요한데, 한 마리의 매머드 복원으로 이 조건들을 충족할 수 있을지 의문입니다.

주제 3

여섯 번째 대멸종은 진행 중인가

사회자 —— 두 분 전문가의 주장을 들어 보니 복원이 어려운 만큼 복원의 양면성 또한 해결하기 어려운 문제이고 앞으로 꾸준히 논의할 필요가 있다는 생각이 듭니다. 이번에는 멸종생물의 관점을 '우리'의 문제로 좀 더 확장해 볼까 합니다. 최근 많은 과학자가 여섯 번째 대멸종을 언급하고, 인류도 결국 그 대상에 포함될 것이라고 경고하고 있는데요. 과연 여섯 번째 대멸종은 진행되고 있는 것일까요? 이에 대한 두 분의 생각이 궁금합니다. 이번에는 인류가 멸종에 많은 영향을 준다고 주장하시는 김지속 소장님의 의견을 먼저 들어 보겠습니다.

김지속 —— 과거 다섯 차례의 대멸종은 수억 년에 걸친 지구 생태계의 자연적인 변화였습니다. 지구 내외부적인 원인에 의해 매우 긴 시간 동안 환경이 변해 왔고 그 안에서 살아가는 생물은 불가피하게 멸종할 수밖에 없었지요. 하지만 오늘날 나타나는 멸종의 양상은 지금까지와는 매우 다릅니다. 지구의 긴 역사에서는 찰나라고 볼 수 있는 매우 짧은 기간에 많은 종이 사라지고 있습니다. 산업 혁명 이후 20세기의 약 100년 동안 최소 543종의 육지 척추동물이 멸종한 것으로 추산되고 있으며, 향후 20년 내 이와 비슷한 수의 멸종이 예상됩니다. 멸종 시계가 점점 빨라지고 있는 것입니다.

멸종 위기에 처한 종들의 서식지는 인류가 주로 모여 사는 열대나 아열대 지역과 겹칩니다. 인류가 출현하기 전 포유류 한 종이 멸종하는 데 평균 50만 년이 걸렸다면 인류 등장 후에는 한 달에 한 종의 포유류가 멸종하고 있다는 주장도 있습니다. 인류가 멸종을 가속화하고 있는 것이지요. 자연을 무분별하게 이용하고 파괴하는 인간의 이기심은 과거 다섯 차례의 대멸종과 대비되는 '인간에 의한 기후 변화'라는 결과를 가져왔습니다. 기후 변화로 인한 삼림 파괴나 자연재해가 가속화되고 있고, 빠른 환경 변화에 적응할 시간 없이 먹이와 서식지가 사라진 종들은 자손을 남기지 못하고 멸종됩니다. 앞서 함께 살펴보았듯이 한 종이 사라지면 같은 생태계의 다른 종들에 연쇄작용이 나타납니다. 그리고 그 영향은 결국 인간에게 되돌아옵니다. 생태계의 균형이 깨지면서 결국 모두 함께 대멸종을 맞을 수 있는 것입니다.

이가능 ─── 인류가 생물의 멸종을 가속화하고 있다는 데에는 동의합니다. 하지만 인류는 지구상에 존재한 이래로 점점 진화하며 사고 체계를 발전시켜 왔고, 그 결과 무수히 많은 어려움을 극복해 왔습니다. 저는 이런 인류가 여섯 번째 대멸종의 시계를 멈출 수 있는 저력을 보여 줄 것이라고 굳게 믿습니다. 일례로 과거에는 공룡이 소행성으로 인한 대멸종을 피할 수 없어 모두 사라졌지만, 지금 인류에게는 같은 상황에서 소행성을 사전에 막을 수 있는 기술과 지식이 있습니다. 앞으로의 대멸종 원인으로 지목되는 기후 변화에 대응하기 위한 노력도 이미 이루어지고 있습니다. 2015년 파리협정을 통해 지구 평균기온 상승을 2℃ 이하의 낮은 수준으로 유지하고 1.5℃로 제한하기 위해 노력한다는 전 지구적 장기목표를 세웠습니다. 모든 국가가 기후 변화 예방을 위한 행동에 동참하기로 약속한 것은 대멸종 시계를 멈추기 위한 전 인류적인 노력의 시작입니다.

여기에 끊임없이 시도하고 있는 유전 공학 기술의 증진이 더해지면 새로운 먹을거리를 만들어 내고 생물의 복원을 도와 생태계 안정의 열쇠가 될 것입니다. 대멸종의 원인으로 지목되는 인류가 결과적으로는 대멸종으로부터 생태계를 구할 수 있는 주체가 되리라고 확신합니다.

마무리 발언

사회자 — 전문가 두 분의 말씀에 푹 빠져 있다 보니 어느새 마칠 시간이 되었습니다. 두 분 말씀을 되짚어 볼 때 우리 인류가 긴 시간 이어져 온 지구의 역사에 한 획을 긋는 것만은 분명해 보입니다. 부족한 부분은 보완하고 좋은 점은 살려서 종의 다양성 유지와 생태계 안정에 기여해야 한다는 생각이 듭니다. 다른 생물과 평화롭게 공존할 인류를 위해 두 분의 마지막 발언 부탁드립니다.

김지속 — 최초의 생물 출현 이후로 환경과 생물은 끊임없이 상호작용하며 변화해 왔습니다. 진화를 거듭하며 수많은 종이 탄생했다 사라졌고, 변화하는 환경에 적응해 온 결과가 현재 우리가 보는 지구의 모습입니다. 인류는 우리가 지구의 모든 것을 소유한 것처럼 행동하지만 사실 지구의 주인은 인간이 아닙니다. 우리도 생태계에 포함된 하나의 부분이라고 생각하고 다른 종들과 함께 안정적으로 살아갈 방법을 끊임없이 모색해야 할 것입니다.

이가능 ── 인류에 의한 변화는 인류의 의지로 극복할 수 있습니다. 인류의 노력으로 계속되는 과학기술의 발전은 결국 인류뿐만 아니라 많은 생물 종을 살리는 수단이 될 것입니다. 그동안 인류에 의해 이루어졌던 무분별한 과학기술의 남용을 반성하는 움직임도 일어나고 있습니다. 우리 인류의 두뇌는 계속 발달하고 있으며, 과학기술의 발전으로 인한 장단점을 잘 구분하여 장점은 극대화하고 단점은 극복해야 합니다. 그동안 어떤 어려움도 현명하게 이겨 낸 인류의 저력을 믿고 생태계 안정을 위해 노력해 나가야 할 것입니다.

사회자 ── 두 분 말씀을 들으니 우리가 사는 환경의 밝은 미래가 그려지는 것 같아 흡족합니다. 푸른 지구에서 모든 생물이 행복하게 함께 살 수 있도록 여러분도 끊임없이 관심 가져 주시기를 바랍니다. 이상으로 오늘 토론을 마칩니다.

복원 이후의 보전도 중요하다

우리나라에서도 종의 다양성 확보를 위해 생물 복원을 위한 시도가 계속되고 있습니다. 지리산 반달가슴곰을 비롯하여 소백산 여우, 월악산 산양, 예산 황새, 창녕 따오기 등의 복원이 진행되었고, 늑대와 표범의 복원도 시도하고 있습니다. 그런데 복원을 위한 노력 못지않게 복원 이후의 보전 노력도 중요합니다. 이는 최근 복원된 황새의 사례를 통해 살펴볼 수 있습니다.

황새는 중국 동북지방과 한반도에 서식하는 희귀종으로, 다양한 설화와 전설에도 등장합니다. 1968년 천연기념물 199호로 지정됐으나 밀렵, 살충제 등으로 1971년 멸종했습니다. 1996년 황새 복원 사업이 시작되어 1996년 러시아 아무르강 유역의 새끼 황새 암수 한 쌍을 들여온 결과 2014년에 황새 60마리가 예산황새공원에 둥지를 틀게 되었습니다. 이어서 2015년에는 14마리의 황새가 태어나기도 했습니다.

황새 복원보다도 중요한 일은 복원된 황새가 살 환경을 준비하는 일이었습니다. 먼저, 농약과 화학비료 없는 농업으로 황새의 먹잇감을 마련하기 위해 지역 농민들의 도움이 절실했습니다. 문화재

청은 예산 주변에 황새 야생 서식지가 많지 않다고 판단해 전국 단위 방사를 추진했고, 경남 김해, 충북 청주, 전북 고창, 전남 해남, 충남 서산 등을 그 후보지로 선정했지만 먹이와 번식지 마련의 측면에서 부적합하다는 지적이 이어졌습니다.

그렇다면 지금까지 복원하여 방사한 황새는 어떻게 되었을까요? 61마리 가운데 절반 이상이 폐사하거나 행방불명 상태라고 알려져 우리를 안타깝게 하고 있습니다. 현재 예산군에서 번식 중인 황새 세 쌍도 농약에 오염되지 않는 먹이를 사육사들이 제공하고 있다고 합니다. 정성 들여 생물을 복원한 만큼 이후의 보전을 위한 환경 조성에 대해서도 우리가 계속 관심을 가지고 노력해야 할 것입니다.

멸종 시계를 멈추기 위해
인류가 개입해도 될까

1. 다음 멸종에 관한 토론 내용을 보고, 각 주장에 관한 근거를 정리해 적어 보세요.

멸종 시계를 멈추기 위해 인류가 개입해도 될까?

매머드는 인류에 의해 멸종했는가?	현 인류의 무분별한 포획으로 멸종 했다. 근거 :	급격한 기후 변화 등 환경 변화로 인해 멸종했다. 근거 :
매머드를 되살려도 될까?	매머드 복원은 생태계 안정 및 종 의 다양성 확보라는 측면에서 도 움이 된다. 근거 :	복원으로 또 다른 문제가 발생할 수 있다. 근거 :
여섯 번째 대멸종은 진행 중인가?	인류의 의지와 노력으로 대멸종을 극복할 수 있다. 근거 :	인류의 무분별한 자연 이용과 파 괴가 대멸종 시계를 앞당긴다. 근거 :

2. 멸종생물 복원에 관한 본인의 입장을 적어 보세요.

▲ **폴 고갱**(1848~1903년), 「**이아 오라나 마리아**」, 1891년. 바나나는 인류 최초의 작물 중 하나이다. 고갱의 그림 속 바나나는 지금은 멸종된 야생종으로, 현재 우리가 먹고 있는 바나나는 재배종이라는 사실을 알고 있었는가?

· 쟁점 3 ·

바이러스

— 바이러스로 인한 문제, 어떻게 해결해야 할까

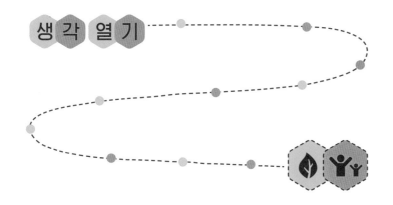

생각 열기

2019년 12월, 중국 우한에서 원인 불명의 폐렴이 집단 발병했습니다. 처음에는 원인을 알 수 없었지만 사람 간 감염 가능성이 공식 확인되고, 세계보건기구^{WHO}가 신종 코로나바이러스의 공식 명칭을 'COVID -19'라고 명명하였습니다.

▲ WHO는 '코로나19, 역대 최악의 보건 비상사태'라며 팬데믹을 선포했다.

그러다 코로나19 확진자가 전 세계에서 속출하자 WHO는 '코로나19, 역대 최악의 보건 비상사태'라며 팬데믹(세계적 대유행)을 선포했습니다.

우리나라도 마스크 대란, 우한 교민 이송에 이어 감염병 위기경보가 최고 수준 '심각'까지 상향되는 등 코로나19 팬데믹으로 불안하고 위험했습니다. 뉴스나 신문 등 대중매체에서 코로나19에 대해 연일 보도하였고, 사람들의 걱정과 우려가 심화되었습니다. 더 이상 세계보건기구와 질병관리청이라는 이름이 낯설지 않으며, 온라인 개학이나 사회적 거리두기, 코로나 블루라는 신조어까지 일상적인 용어처럼 자연스럽게 들리기도 합니다.

어느 정도 사회적 안정화 단계에 이르게 되나 싶었는데 3차 코로나 대유행으로 확진자 수가 증가하여 2021년 2월 19일에는 확진자 수가 86,128명(정부 브리핑 발췌)에 이르게 되었습니다. 고령, 면역기능이 저하된 환자, 기저질환을 가진 환자가 주로 중증, 사망에 이르고 있습니다. 특히 코로나19는 아직까지도 원인이 규명되지 않았고 바이러스가 변종되고 있어 더 큰 문제가 아닐 수 없습니다.

2003년 사스, 2009년 신종플루, 2015년 메르스, 그리고 2020년 코로나19 모두 우리나라에 이름을 떨친 무서운 바이러스의 이름입니다. 그렇다면 바이러스[1]는 도대체 무엇일까요? 최근 들어 자주 접하고 있지만 우리에게는 눈에 보이지 않는 세균과 바이러스를 분류하기가 쉽지 않습니다.

세상은 수천 종류의 바이러스로 가득 차 있습니다. 모양도 제각각 다릅니다. 독감을 일으키는 인플루엔자 바이러스, 수두를 일으키는 수두 바이러스, 모기에게 전염되는 일본 뇌염 바이러스 등 다양한 바이러스가 존재합니다. 바이러스는 스스로 살아 움직이는 생명체가 아니지만, 크기가 매우 작아서 이야기를

바이러스(virus)란 용어는 담배모자이크를 연구했던 베이에링크 박사가 가장 먼저 명명하였다. 그 당시에는 기술 발달이 되지 못해 눈으로 직접 볼 수는 없으나 담뱃잎을 갈아 식물조직 즙을 거르고 세균(bacteria), 진균 및 기생충을 모두 제거한 후 건강한 담뱃잎에 접종하여도 같은 질병을 일으킨다는 것을 발견하고 '독' 또는 '병을 옮기는 감염성 물질'이라는 뜻이 포함된 이름을 붙인 것이다.

하거나 기침을 할 때 특히 더
재빠르게 비말을 통해 움직일
수 있습니다. 시속 150킬로미
터로 이동할 수도 있습니다.
더불어 교통의 발달로 전 세
계가 일일 생활권이 되면서
더 빠르게 멀리 이동할 수 있
습니다. 게다가 돌연변이를
거듭하기 때문에 예방접종만
으로는 충분한 대비가 되지

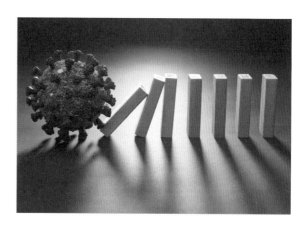

▲ 세상은 수천 종류의 바이러스로 가득 차 있고, 바이러스는 재빠르게 움직일 수 있다.

않습니다. 인간의 몸속으로 들어가는 경로는 정말 여러 가지입
니다. 손을 씻지 않고 물건을 만졌을 때 그 물건을 통해 다른 사
람의 몸속으로 이동할 수도 있습니다. 또 어떤 경로로 이동할
수 있을까요? 상상해 볼까요?

바이러스의 발생은 외출 자제 및 뉴노멀,[2] 언택트 문화를
만들었습니다. 이에 따라 온라인 음식 서비스의 월 매출액이
2017년 1월 대비 약 9배의 증가를 나타냈습니다. 이에 따른 재
활용 가능 품목의 폐기물도 2019년 동월 대비 평균 9.7% 증
가하는 등 꾸준히 증가하는 추세입니다.

사회적 거리두기, 마스크 착용, 손 씻기 등 시민들의 행동
수칙 준수 및 코로나 방역관들의 노력으로 K-방역이 세계 속
에서 1등으로 우뚝 서고 있습니다. 그런데 대체 무엇 때문에 아

시대 변화에 따라 새롭게 부
상하는 표준으로, 경제 위기
이후 5~10년간의 세계경제
를 특징짓는 현상을 말한다.

직도 '위기'라고 부르는 것일까요? 크게 두 가지 이유를 들 수 있습니다.

우선, 앞으로도 새로운 바이러스는 계속 등장할 것입니다. 교통의 발달로 전 세계로 퍼져 나가는 속도도 점점 단축될 것입니다. 바이러스의 특성상 변이를 거듭하기 때문에 예방접종만으로는 충분한 대비가 되지 않습니다. 치명률과 백신 효과를 살펴보아야 하기 때문이지요.

또 하나의 이유는 코로나로 인한 정치, 사회, 경제, 교육, 환경 문제가 심각하게 대두되고 있습니다. 방역에 도움이 되지 않는 혐오의 문제 및 코로나 블루 등 심리적 요인과 지속 가능한 지구 만들기에 대해서도 짚어 볼 필요가 있습니다. 또 플라스틱, 종이, 스티로폼 폐기물도 늘어나고 있습니다. 이에 바이러스 문제를 심각한 위험 상황으로 인식할 필요가 있습니다.

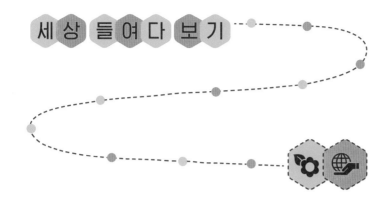

세상 들여다 보기

부유한 국가들이 신종 코로나바이러스 감염증(코로나19) 백
신을 '사재기'하고 있어 가난한 국가의 국민들이 백신 접종 기
회를 잃고 있다고 WHO 사무총장이 경고했습니다. 특히 캐나
다는 국민 한 명당 다섯 번씩 접종할 수 있을 정도로 코로나19
백신 물량을 과도하게 구매했으며 다른 선진국들도 같은 이유
로 '백신 분배 정의로운가'에 대한 논란을 키웠습니다.

분배 정의를 위해 주요 20개국(G20) 정상들은 백신을 '글
로벌 공공재'로 선언했고, 유엔 사무총장의 코백스(COVAX)[3] 지
원금 호소에도 귀를 기울였습니다. 그러나 사정은 녹록지 않
습니다.

부자 나라에서는 한 명당 세 번 접종이 가능한 반면 가난한
나라에서는 겨우 열 명 중 한 명만 백신을 맞을 수 있는 상황입
니다. 백신 불균형 심화는 코로나19가 더 길어진다는 것을 의
미합니다. 전 세계 인구의 70% 가까이 백신을 접종해야만 집

코백스(COVAX)는 세계보건
기구(WHO)와 세계백신면역연
합(Gavi) 등이 만든 공정한 백
신 공급을 위한 펀드이다.

단면역이 달성돼 코로나19 종식의 길이 열리기 때문이지요.

백신 양극화는 여러 가지 우려사항이 있습니다. 팬데믹 종식은 어느 한 나라만 백신을 확보하고 접종한다고 되는 것은 아닙니다. 부자 나라의 국민들이 백신을 맞아도 결국 접종이 이뤄지지 않은 가난한 나라에 대한 항공기 운항을 막는 등의 기존 조치가 반복돼 사태가 악화될 수 있기 때문이지요.

코로나19 유행 초기 때만 해도, 백신이 나오기까지 수년이 걸릴 것이란 우려 섞인 예측이 있었습니다. 이유는 여러 가지가 있지만, 제약사들이 백신 개발에 관심이 없었기 때문이죠.

백신 개발 프로젝트에 자금을 대려고 서두르지 않은 데는 그럴 만한 이유가 있었습니다. 바이러스 백신을 개발하기까지는 시간이 걸리고, 변이가 생기기 때문에 성공 여부도 확실하지 않습니다. 특히 가난한 나라에서 백신이 필요한 경우가 많은데, 이 국가들은 높은 가격을 감당하기 힘들기 때문이지요. 백신은 보통 한두 번만 투여하면 되기 때문에 경제적으로는 자주 복용해야 하는 약들에 투자하는 것이 더욱 이득이 됩니다. 이런 여러 가지 이유로 의학계와 제약업계는 바이러스 치료에 큰 관심을 두지 않았습니다.

예를 들어, 지카 바이러스나 사스와 같은 질병에 대한 백신을 연구했던 회사들이 손실을 보았던 사례가 있습니다. 물론 매해 맞는 독감 백신 같은 경우, 연간 수십억 달러를 창출하고 있습니다. 만약 코로나19 백신도 독감 백신처럼 매해 접종이 필요하게 된다면, 제약사들은 큰 이득을 볼 것으로 예상됩니다.

하지만 백신이 긴급하게 필요하기 때문에 정부와 자선단체 등은 백신 연구 프로젝트에 엄청난 돈을 쏟아부었습니다. 빌 게이츠 재단을 비롯해 알리바바 등도 백신 개발에 자금을 지원 했지요.

생명과 관련된 중대사가 걸려 있는 상황이다 보니, 인도와 남아프리카에 있는 회사들은 자체 시장에 해당하는 분량의 백 신을 제조할 수 있도록 노하우를 공유해 달라고 요청하고 있습 니다. 그만큼 백신 개발사들의 몸값도 높아지고 있습니다.

선두주자들이 지적 재산을 공유하지 않는다 해도, 이미 전 세계에서 50여 종의 백신이 개발 중에 있습니다. 그리고 회사 가 이윤 없이 백신 개발에 나서지는 않을 것이라는 주장과 함 께 연구개발 투자도 상당했었던 점, 그리고 생산과 유통의 원 활성까지 기약해야 하는 변수를 고려해 주어야 한다는 주장이 있습니다.

그러나 인도주의적 입장에서는 위기와 공공 자금조달 상황 을 고려해 봤을 때, 사업으로만 보아서는 안 된다는 시각도 있 습니다. 팬데믹 초기 큰 제약사들이 백신 경쟁에 관심을 거의 보이지 않았는데, 정부와 기관이 자금 지원을 약속하자 작업을 시작했다는 것을 떠올려 보면 제약사들에게 이익 독점권이 주 어지는 상황을 이해하기 어렵다는 주장도 있습니다. 제약사가 개발한 만큼 상업 조직의 사유재산이 된다는 논점과 지적 재산

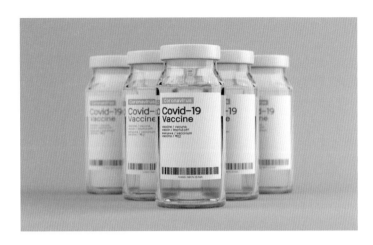
▲ 백신은 코로나19 종식이라는 답을 주는 동시에, 인류의 공존이라는 숙제도 던지고 있다.

공유 절차가 진행되어야 한다는 논점이 팽배해 있습니다.

　백신은 코로나19 종식이라는 답을 주는 동시에, 인류의 공존이라는 숙제도 던지고 있습니다. 앞으로 이런 백신 불평등 문제를 하나의 위기로 받아들이고, 세계가 함께 해결해야 할 과제로 다루어야 합니다.

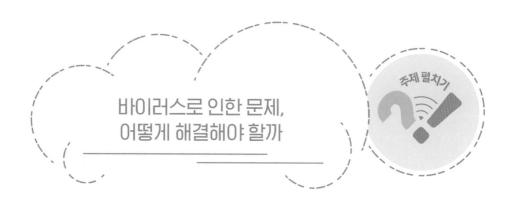

바이러스로 인한 문제,
어떻게 해결해야 할까

세계는 지금 바이러스와의 전쟁 중이다. 여전한 위협에 바이러스 백신 및 돌연변이 바이러스에 대한 관심이 높아지고 있다. 중국 우한에서 처음 감염 사례가 보고된 이후, 코로나19 바이러스는 끊임없이 변이했지만, 바이러스 성질에는 큰 차이가 없었다.

하지만 2020년 9월 영국에 이어 남아프리카공화국과 브라질에서 발견된 변이 바이러스는 실제 감염력이 최대 70% 더 강해진 것으로 파악되었다. 국내 변이 바이러스 확진자 수도 증가하고 있는 상황으로 조만간 코로나19 감염의 대부분은 변이 바이러스가 될 것이라는 예측이 나오는 상황이다.

이와 맞물려 세계 세균학자들은 지구는 핵전쟁이 아니라 바이러스로 멸망할 것이라는 경고를 하고 있다. 1918년 제1차 세계대전이라는 대재앙과 함께 전 세계적으로 독감 바이러스가 유행했을 당시에도 1억 명에 달하는 사람들이 목숨을 잃은 것으로 추정된다. 유행성 독감 바이러스가 전 세계를 무자비하게 할퀴고 지나간 지 100년이 지난 현재 코로나19를 퇴치하더라도 '신종 바이러스'가 더 자주 빈번하게 대규모로 발생할 수 있다고 경고한다. 이처럼 위험한 바이러스와 우리는 함께 살아갈 수 있는 것일까? 지금을 위기 상황으로 인식하고, 바이러스와 어떻게 공존할지 모색해 볼 때이다.

사회자 — 오늘 이런 위기의 해법을 제시할 몇몇 전문가를 모시고, 주요 쟁점에 대한 토론을 진행하려고 합니다. 오늘 참석자를 소개하겠습니다. 국제인권·구호단체 인권짱 사무처장님, 내민족 최고당의 나민족 국회의원님, 글로벌환경연대 환경짱 교수님, 개발우선당의 개발짱 소장님께서 참석해 주셨습니다.

주제 1
바이러스, 자연의 역습인가

사회자 — 요즘 코로나19에 관한 뉴스가 연일 보도되고 있습니다. 코로나19는 시작일 뿐 더 강력한 신종 바이러스 감염병이 찾아올 수 있다는 경고가 이어지고 있는 것도 사실입니다. 바이러스는 왜 점점 더 강력하고 빠르게 인간의 생명을 위협해 오는 것일까요? 우리는 어떤 대비를 해야 할까요? 각 분야 전문가를 모시고 의견을 들어 보도록 하겠습니다.

환경짱 　코로나19는 2019년 12월 중국 우한에서 시작됐습니다. 처음 환자가 발생한 곳은 우한 수산시장이었으며, 우한바이러스 연구소 과학자들은 코로나가 동굴에서 발견된 박쥐에서 유래됐다고 발표했습니다. 천산갑[4]이 잠재적 숙주로 등장했지요. 즉, 박쥐에서 천산갑으로, 천산갑에서 인간으로 바이러스가 종간 이동을 했다는 것입니다. 이 외에도 박쥐를 숙주로 삼은 바이러스가 사향고양이, 낙타, 천산갑, 뱀 등 중간 숙주를 거쳐 인간에게 감염되고 있습니다. 바이러스는 스스로 성장할 수 없다는 것 알고 계시지요? 다른 숙주를 통해 기생해야 합니다. 사람과 동물의 접점을 어느 정도 거리로 유지하면 스필오버[5]가 쉽지 않을 것입니다. 자연 환경 보전 등 환경에 관심을 두었다면 바이러스를 통제할 수 있었을 것입니다. 실제, 우한 시장에서는 박쥐와 오소리, 사향고양이와 같은 다양한 야생동물이 일반 가축과 함께 거래되고 있었으며 여기 모인 동물들은 비위생적인 방식으로 도축되었지요. 이 과정에서 신종 바이러스는 가축 또는 인간과 중간숙주를 통하거나 동족 간 뒤섞임을 통해 변종이 돼 인간에게 온 것입니다. 바이러스는 동물로부터 발생하는 것이 아니라 동물과 접촉한 우리 인간이 문제입니다. 생태계 파괴와 야생동물 밀거래를 막아 인간과 동물 사이의 거리를 회복하는 것이 전염병을 막는 근본적 대책이 아닐까요?

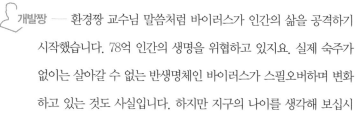

개발짱 — 환경짱 교수님 말씀처럼 바이러스가 인간의 삶을 공격하기 시작했습니다. 78억 인간의 생명을 위협하고 있지요. 실제 숙주가 없이는 살아갈 수 없는 반생명체인 바이러스가 스필오버하며 변화하고 있는 것도 사실입니다. 하지만 지구의 나이를 생각해 보십시

천산갑과의 동물을 통틀어 이르는 말. 몸의 길이는 50~80cm, 꼬리의 길이는 20~50cm 정도이며, 몸의 위쪽은 이마에서 꼬리 끝까지 모두 어두운 빛깔의 비늘로 덮여 있다. 몸의 아래쪽은 비늘이 없고 엷은 살색의 털만 있다. 주둥이가 뾰족하고 이가 없어 긴 혀로 먹이를 핥아먹는다. 주로 밤에 활동하며 중국 남부, 대만, 미얀마, 말레이시아, 네팔, 인도, 아프리카 등지에 분포한다.

'스필오버(spillover)'는 '종간 감염'이라고 부른다. 바이러스의 '스필오버'가 일어나는 최적의 환경을 야생동물 시장으로 보고 있다. 이에 생물다양성협약 등 잇달아 시장 폐쇄 촉구를 하고 있다.

오. 태양계 형성 시점인 46억 년 전에 지구가 생성되었습니다. 지구상에 인간이 존재하기도 전에 인간보다 먼저 바이러스는 지구상에 존재해 왔으며, 지구 생명 역사의 주인공은 바이러스라고 불리기도 합니다. 바이러스의 생물학적 다양성은 지구에 살고 있는 세포성 생물체 전부보다 크고 개체의 숫자는 모든 생물 개체를 합한 수보다 훨씬 더 많습니다. 실제로 바닷물 1리터 속에는 약 10억 개체의 바이러스 입자가 존재합니다. 지구상에 최초로 생명체가 존재하기 시작한 것은 38억 년 전이며 인간이 등장한 것은 고작 20만 년 전이었습니다. 이처럼 바이러스와 인간은 공존 · 공생하고 있을 뿐 인간 문명의 이기로 인해 바이러스가 발생했다는 주장은 무리가 있다고 생각합니다.

나민족 —— 정치권에 있는 저도 그 부분에 적극 동의합니다. 모든 바이러스는 위험하고 나쁜 걸까요? 아닙니다. 지구 역사 속에 수많은 바이러스는 세균, 식물, 동물, 인간의 몸에 공생하며 생명체의 진화를 촉진하는 역할을 해 왔습니다. 특히 인간을 포함한 포유류의 태반 형성에 관여하는 단백질이 바이러스에서 나왔다는 사실은 생명체 진화에 결정적인 역할을 한 증거입니다. 인정하고 싶지 않겠지만 우리 유전체의 약 8%는 바이러스에서 유래했습니다. 따라서 우리 인간은 바이러스의 도움이 없었다면 결코 존재할 수 없었다고 보아야 할 것입니다. 최근 들어 바이러스에서 비롯된 유전자들이 태아와 임부 사이의 '의사소통'에 적극 참여한다는 연구 결과도 등장하고 있습니다. 세네카 밸리 바이러스^{Seneca Valley Virus}처럼 건강한 세포들은 손상시키지 않으면서 암 세포들만 파괴하는 바이러스도 있습니다. 우리가 생각하는 바이러스에 대한 더 깊이 있는 논의를 진행하기 위해서는 이 부분의 언급이 꼭 필요해서 덧붙입니다.

인권짱 ── 저희 국제인권·구호단체도 자연 환경복원 사업 및 생물의 다양성 사업에 한창입니다. 멸종 위기종의 동식물을 구호하고 있기도 합니다. 그동안 인간과 자연은 공생·공존해 왔습니다. 문제는 인간의 이기적인 욕심으로 인해 자연계가 오랜 세월 지속해 왔던 밀월의 균열이 깨지는 결과를 가져왔다는 것입니다. 산림·밀림 훼손을 동반한 난개발로 서식지를 잃은 야생동물은 점점 인간의 영역으로 들어오고 있습니다. 야생동물이 가지고는 있지만 인간에게 노출된 적 없는 신종 바이러스가 도시로 침투하기 때문이지요. 또 공장식 밀집 사육으로 길러진 가축들은 중간 숙주 역할을 하기에 알맞습니다. 이에 공장식 축산 등에 대한 폐지를 주장합니다. 지난 80년간 유행한 전염병의 약 70%는 야생동물로부터 왔다는 뉴스기사 보셨지요? 특히 인간과 야생동물 사이의 접촉의 종류와 형태를 파악하고 그 위험도를 분석·평가해 필요한 조치와 관리방안을 연구, 개발, 시행하는 일이 시급하고 중요해 보입니다. 이는 생물다양성을 보전하는 장기적 효과를 가져올 수도 있기 때문에, 단기적 대응과 장기적 예방 정책을 연결시키는 고리 역할을 할 수 있을 것입니다.

개발짱 ── 네, 좋은 의견입니다. 기후위기대책 마련이 필요하다는 생각과 환경과 재난에 대한 장기적인 대책을 만들자는 인식은 확산할 필요가 있습니다. 하지만 공장식 축산 등에 대한 폐지를 우선적으로 주장하기보다는 자연 서식지 보호를 위한 규제 및 야생동물 사냥과 거래를 제한하는 강력한 법규를 마련하고 농장과 시장, 이동 과정의 동물복지를 수립하는 등 환경과 재난에 대한 좀 더 구체적이고 장기적인 대책이 필요합니다. 내실 있게 바이러스에 관한 연구를 추진하고 인간과 자연이 공존·공생할 수 있도록 추진하였으면 합니다.

환경짱 ── 사실 단순 코로나19 바이러스의 치료제 및 백신을 개발한다는 것은 큰 의미가 없다는 생각입니다. 생태계 파괴가 전염병을 불러왔다는 지적이 있습니다. 동물의 종이 다양하다는 것은 바이러스에 감염되기 쉬운 종의 개체 수가 그만큼 적다는 것을 의미하고, 이는 결국 사람들에게 전염될 가능성을 감소시킨다는 의미입니다. 오히려 환경오염과 기후위기에 대응할 수 있는 방안을 생각하여 지속 가능한 지구 살리기를 위해 환경복원사업을 진행하는 일이 다가올 미래를 올바르게 준비하는 것이라 생각합니다. 야생동물의 다양성은 전염병의 확산을 막는 '희석 효과'가 있습니다. 환경을 살려야만 바이러스의 공격으로부터 인류를 지켜 낼 수 있을 것입니다.

개발짱 ── 저는 환경문제와 기후위기를 준비하지 말아야 한다고 말씀드린 적이 없습니다. 오히려 교수님께서 말씀하신 것처럼 환경과 기후위기를 대응할 수 있는 방안을 고민하고 준비하는 것은 중요하다고 생각합니다. 하지만 그렇다고 해서 바이러스의 출현이 인간의 무분별한 개발과 동물과의 접촉들로 인해서라고 단정지어서는 안 된다는 것입니다. 환경과 기후 분야에 관심을 기울이는 동시에 긴

밀한 협력관계를 통해 바이러스 연구 등도 역시 병행해야 한다는 뜻입니다. 따라서 교수님께서 말씀하신 환경오염과 기후 변화로 인한 바이러스의 지속적이며 빈번한 출현 등은 인류의 생존을 위협할 문제로 커질 수 있을 것이라 생각합니다. 그렇기 때문에 해당 분야로의 자연의 경고를 더욱 깊이 있게 받아들여 미래를 준비해야 한다고 생각합니다. 바이러스의 항체 및 지구에 관한 관심을 가져야 하고, 지식의 공유와 협력을 통해 인류를 위협하는 질병에 함께 대처해야 합니다. 무엇보다도 자연의 경고인 바이러스에 집중해야 할 때입니다.

환경짱 — 개발짱 소장님 말씀에 덧붙이자면, 의료 분야 이상으로 환경에도 관심을 꾸준히 가져야 할 것입니다. 국제환경단체 그린피스가 코로나19 국면 속에서도 정치권에 기후위기대책 마련을 요구하는 이유이기도 합니다. 환경복원은 선택이 아니라 필수 사항으로 여겨지고 있습니다. 따라서 지금부터라도 다같이 사람의 손길이 닿지 않는 넓은 자연서식지를 최대한 확보하고, 환경보호, 기후위기 대응, 종의 다양성을 지키는 일에 최선을 다해야 할 것입니다.

사회자 — 네 분의 말씀을 통해 바이러스에 대해 새로운 시각으로 생각할 수 있었던 것 같습니다. 서로 입장은 조금씩 다르지만, 바이러스와 함께 살아가기 위한 대안들을 각자의 분야에서 열심히 생각하고 계시군요. 첫 주제는 서로 대립하지 않고, 의견이 모아지는 것 같아 아주 훈훈한 분위기입니다. 열띤 토론 감사드리며, 다음 주제의 토론으로 이어 가겠습니다. 다음 주제는 의견 대립이 분명할 것 같습니다.

방역과 환경 사이의 일회용품 딜레마, 어떻게 해결해야 할까

사회자 — 전례 없는 코로나 사태로 초래된 일회용 플라스틱 남용에 몸살을 겪는 것은 우리나라뿐만 아닙니다. 전 세계의 카페와 레스토랑에서는 일회용 컵과 식기류가 바이러스로부터 더 안전하다는 생각으로 선호되고 있습니다. 또 온라인 쇼핑과 음식 배달이 늘어나는 것도 일회용 플라스틱 사용을 증가시킵니다. 이렇게 늘어나는 일회용 플라스틱에 대한 우려의 목소리가 커져 갑니다. 이처럼 일회용 플라스틱이 다시 증가하는 상황을 지켜보고만 있어야 할까요? 코로나 사태에서 일회용 플라스틱이 다회용품보다 정말 더 안전한 걸까요? 방역과 환경 사이의 일회용품 딜레마, 어떻게 해결해야 할까요? 전문가 분들의 의견을 들어 보도록 하겠습니다.

환경짱 — 그동안 환경보호 이슈에 민감하게 반응하며 일회용품 사용 금지에 앞장서 왔던 업체들까지 바이러스 감염을 최소화하기 위해 규제 시행을 일시 중단하거나 오히려 일회용품 사용을 권하고 나섰습니다. 카페에서는 직원과 다른 고객의 안전을 위한다며 일회용컵만 사용하게 하였고, 청결 유지를 위해 사용하는 청소용 물티슈, 마스크, 비닐장갑 등도 코로나19 여파가 길어지며 사용량이 늘고 있습니다. 코로나19가 끝났을 때 이 쓰레기산은 어떻게 처리하실 건지요? 바이러스는 장기화되고 다른 바이러스가 발생할 수 있는 만큼 정부 차원의 재사용 시스템과 함께 일회용품 배출량을 조절할 수 있는 별도 방안 역시 마련해야 한다고 생각합니다.

개발짱 —— 그러나 투표소에 개인 장갑을 가져가자고 제안했던 자원순환 사회연대 사건은 우리에게 큰 교훈을 줍니다. 그 당시 정은경 본부장이 정례 브리핑에서 "일회용 비닐장갑을 쓰는 것이 안전하다"고 강조했던 내용 생각나시나요? 완전한 방역을 위한 사회적 비용이란 취지였지요. 한번 바이러스에 감염되면 노약자 및 기저질환자에게는 치명적인 영향을 줍니다.

환경짱 —— 2018년 중국의 수입 금지로 폐기물 재활용 업체들이 폐비닐 수거를 거부하면서 벌어진 '쓰레기 대란' 생각 안 나시나요? 버려진 쓰레기는 완전히 사라지지 않습니다. 우리가 마주해야 할 생태적 현실을 인정해야 합니다. 반면, 전 세계 공중보건 및 식품 안전 분야의 과학자, 의사 등 전문가 115명은 2020년 6월 22일 '코로나 시대의 다회용품 사용은 안전하다'는 성명서를 발표하였습니다. 성명서는 일회용품이 다회용품보다 안전하다는 주장을 일축하고, 기본 위생 수칙을 잘 지킨다면 다회용품 재사용 시스템은 안전하다고 강조했습니다.

나민족 —— 교수님 말씀은 제가 아는 것과 다르군요. 코로나19 상황에서는 방역이 폐기물 관리보다 중요하지 않을까요? 물체 표면에 묻은 코로나바이러스가 살아남는 시간은 재질에 따라 다르다는 보고서도 있습니다. 바이러스가 종이 표면에서는 최대 24시간, 플라스틱이나 금속 표면에서는 2~3일 정도 생존한다고 합니다. 이런 이유로 방역에서는 일회용품이 더 낫지 않을까요?

환경짱 의원님이 말씀하신 내용이 부분적으로는 맞지만 물체 표면을 통한 바이러스의 전파 가능성은 일회용품과 다회용품이 비슷합니다. 공공 장소의 모든 물체가 바이러스에 오염될 수 있음을 보여 주는 것이죠. 다회용품이든 일회용품이든 상관없이요. 일회용 플라스틱이 다회용보다 더 안전한 것이 아닙니다. 일회용 플라스틱은 사용 후 버려져서 청소원 등 다른 사람에게 전염될 수 있는 추가적인 문제를 일으킬 뿐입니다.

인권짱 맞습니다. 지금은 일회용 플라스틱 사용에서 벗어나 안전한 다회용품 사용 시스템으로 나아갈 때입니다. 또 우리가 살아가는 지구를 깨끗하게 지키는 것도 공중보건에 포함되어야 합니다. 바이러스 감염 위험을 줄인다는 명목으로 일회용 플라스틱을 남용한다면, 환경, 물 시스템, 잠재적인 식량 공급 전반에 엄청난 악영향을 가져올 것입니다.

개발짱 일회용품이 환경, 물 시스템, 잠재적인 식량 공급 전반에 엄청난 악영향을 가져올 것이라는 위기의식 언급은 설득력이 있네요. 이를 위해서는 매장 내 컵 및 식기류 등 다회용 용기를 사용할 때 위생을 포기하지 않기 위한 세척 시스템 등을 도입하는 것이 우선적으로 필요할 것 같습니다. 장기적으로 친환경적이고, 자연에서 생분해되는 소재의 일회용품을 개발하는 방안도 필요할 것 같습니다. 친환경 패키징과 포장재 소재, 포장재 사용을 최소화하는 디자인 등이 더 개발되어야 하지 않을까요?

사회자 의견이 팽팽하게 대립하는군요. 전문적인 지식을 바탕으로 열띤 토론을 해 주셔서 감사드립니다. 이번 사태를 겪은 정부는 코로나 이후의 사회를 더 고민해야 할 것 같습니다. 환경부는 한시적으로 풀어 준 일회용품 사용 규제를 다시 돌려놓아야 하며 이번 사태로 체감한 시스템 부족을 개선해야 하지 않을까 싶습니다. 시간 관계상 다음 주제로 넘어가겠습니다.

주제 3
공공의 이익을 위해 개인의 자유는 침해되어도 되는가

사회자 — 코로나19 팬데믹은 이동의 자유를 제한하는 격리나 고립 조치로 인한 자유의 제한 등 특정한 권리의 제한을 정당화할 수 있는 공중보건 위기 상황을 초래했습니다. 반면에 인권 및 인간 존엄성의 존중과 같은 인권 원칙들을 신중하게 고려함으로써 위기의 상황에서 불가피하게 발생하는 혼란에 효율적인 대응을 촉진해 피해를 제한할 수 있을 것으로 보입니다. 그렇다면 보건당국이 바이러스의 예방 및 확산 방지를 위해 개인의 자유를 제한하였던 사례에 관한 이야기를 나누어 보겠습니다. '과연 공공의 이익을 위해 개인의 자유는 침해되어도 되는가?'라는 주제로 토론을 시작해 주십시오.

인권짱 — 제가 먼저 말씀드리겠습니다. 바이러스로 인한 중국 및 북한의 인권유린 사건은 말하지 않아도 여기 계신 분 모두 잘 알고 계실 거라 생각합니다. 격리대상이 되는 사람을 제대로 보호하지 않은 상태에서 무분별하게 무기한의 포괄적인 격리와 봉쇄 등이 실시되는 지구촌 여러 나라에도 지속적인 관심을 가져 주시길 부탁드립니다. 여기에서는 국내 인권사건만을 가지고 말씀드리겠습니다. 코로나 19 의심환자들에게 자가격리 의무가 주어지고 확진자들이 정부가 지정한 병원에 입원하여 치료를 받는 것은 공동체의 일원으로서 기꺼이 받아들여야 할 조치일 것입니다. 그러나 확진자의 동선과 개인 정보가 다양한 경로로 노출되거나 자가격리자에 대한 위치추적이 허용되는 것은 개인의 자유에 대한 지나친 통제와 억압일 수 있습니다. 사실, 이 과정에서 개인과 특정 집단에 대한 마녀사냥식 여론몰이로 인한 여러 건의 2차, 3차 피해가 초래되기도 했습니다. 코로나 19 바이러스보다 공포감이 환자나 특정집단(외국인, 최초의 감염자, 감염되었다고 생각하는 사람들)에 대한 혐오와 차별을 보였습니다. 공포바이러스로 이성과 세상이 멈췄다고 말씀드립니다. 마녀사냥과 희생양 찾기를 통해 자신은 위험과 공포에서 벗어날 수 있다고 착각하는 것이지요. 따라서 저는 공중보건 위기 상황이더라도 개인의 자유와 평등, 인권을 우선시해야 한다고 생각합니다.

나민족 —— 물론 사무처장님 말씀처럼 공포 바이러스는 만들어지면 안 되겠지요. 하지만 바이러스는 전 세계적으로 개인과 공공의 이익을 위해 통제해야 합니다. 한 지역, 한 국가에 국한하지 않고 지구인 전체가 함께 앓고 있는, 그야말로 글로벌 바이러스이기 때문입니다. 인권짱 사무처장님 말씀처럼 개인의 인권과 자유를 중시한다고 해도 방역에 예외는 있을 수 없습니다. 더욱이 문명의 발달로 국내의 일일생활권이 가능해지고 비행기의 이동으로 전 세계가 하나의 생활권이 됨에 따라 바이러스의 전파도 좀 더 빠르고 손쉬워지지 않았습니까? 자유민주주의 국가에서 개인의 인권이 존중받아야 하는 것은 인지상정이지만 전체 다수 국민을 위한 솔로몬의 지혜와 같은 판단이 필요하며, 공공의 이익을 위해서는 개인의 자유는 어느 정도 제한해야 한다고 생각합니다.

개발짱 ── 저는 인권짱 사무처장님 말씀에 동의합니다. 사실, 코로나 19에 대한 대응에서의 모범 사례로 제시되고 있는 'K-방역'이 국가의 감시와 통제, 돌봄을 수용하는 아시아식 공동체주의의 소산이며 개인의 자유를 희생한 대가라는 비판의 목소리까지 제기되고 있는 실정입니다. 실제 2020년 11월 대학수학능력시험을 앞두고 몇 개의 학교에서 발생했던 사례입니다. 학생이 온라인 수업기간이라 학교에 오지 않았고 교회에서 확진자를 접촉했던 사례가 있었습니다. 방역당국에서는 학교 및 교회의 CCTV, 개인 면담, 동선까지 조사했음에도 수능이라는 특수 상황을 며칠 앞두고 있는 상황에서 혹시나 모를 위험에 대비한다는 맹목적인 믿음 아래 2주간 해당 학년 학생과 교직원 모두를 자가격리 조치했던 사례가 있었습니다. 소외 집단을 포함한 모든 사람이 감당할 수 있는 비용이어야 한다는 규정에 어긋났던 사례이지요. 이 부분에 대해 보건당국에 강하게 말을 하였으나, 공무원들의 일처리 떠넘기기로 14일간 진행되었던 사례입니다. 이 내용과 비슷한 사건은 그 밖에도 여러 건이 있을 것으로 보입니다. 바이러스 대항무기는 혐오가 아닌 신뢰가 우선되어야 합니다. 공중보건 위기 상황에서도 개인의 자유와 인권을 존중하기 위한 최선의 노력이 필요하다는 것을 말씀드리고 싶습니다.

환경짱 ⎯ 그런 일이 있었군요. 개발짱 소장님의 이야기를 들으니 2020년 3월에 유엔인권전문가들이 말한 국민 건강을 보호한다는 미명하에 억압적인 조치를 취하면 안 된다는 조항이 어떤 의미였는지 잘 이해가 됩니다. 그러나 단순히 동양의 공동체의식의 소산이 아니더라도 서양의 아리스토텔레스나 루소 또한 개인은 공동체 내에서 동료 시민들과 함께 공동선을 추구하며 살아갈 때 비로소 완전하게 자유로운 존재가 될 수 있으며, 공동체 구성원 가운데 일반 의지에 따르지 않는 개인에 대해서는 '자유롭도록 강제될' 필요가 있다고 이야기했습니다. 이들의 주장은 공공의 이익과 분리된 개인의 자유는 참된 의미의 자유로 볼 수 없음을 의미하는 것입니다. 분명 소장님도 이 부분은 동의하실 거라고 생각합니다. 더욱이, 코로나19바이러스 감염증 치료와 방역에 투입되는 막대한 사회적 비용에 대한 국민적 혈세를 생각해 보십시오. 나민족 의원님과 인권짱 사무처장님께서 이런 부분을 참고하여, 유엔인권전문가들과 협의한 사례를 바탕으로 바이러스 관련 위기를 어떻게 해결할 것인지 법규나 조항, 지침 등을 세세하게 만들면 좋겠습니다.

사회자 ⎯ 네 분의 열띤 토론으로 시간 가는 줄 모르겠습니다! 네 분의 말씀을 통해서 과연 공공의 이익과 개인적 자유 사이의 갈등은 해결될 수 있는 것일까? 공공의 이익과 개인적 자유 사이의 관계는 어떠하여야 하는가에 대한 성찰을 구체적으로 할 수 있는 계기가 된 것 같습니다. 진지한 대화에 감사드립니다. 시간 관계상 다음에 추가

논의 기회를 만들어 보겠습니다. 그러면 마지막 주제의 토론을 이어
가겠습니다.

주제 4

바이러스 치료제, 기술이전과 특허권을 공유해야 할까

사회자 ── 오늘 마지막 토론 주제입니다. 네 번째 주제는 '국산 첫 신
종 코로나19바이러스 치료제, 기술이전과 특허권을 공유해야 할
까?'입니다. 이번에는 나민족 국회의원님이 먼저 말씀해 주시겠
습니까?

나민족 ── 안녕하십니까? 내민족 최고당 나민족입니다. 그동안 바이러
스에 관한 많은 이야기를 나누었습니다. 그중에서 저는 이 주제가
가장 마음에 와닿습니다. 결론부터 말씀드리자면 저는 바이러스 치
료제의 특허권을 인정해야 한다고 생각합니다. 코로나19 치료제와
백신 개발을 향한 각국 정부와 글로벌 제약사들의 경쟁이 뜨겁습니
다. 한국의 코로나19 조기대응을 가능하게 한 국내 기업들의 코로
나 진단키트에 대한 각국의 수요가 몰려들고 있지만 치료제와 백신
개발에 비할 바가 아니지요. 전 세계인의 생명을 위협하는 전염병
치료제는 천문학적 보상을 약속합니다. 중소형 제약사였던 길리어
드는 신종플루 치료제인 타미플루 개발로 단번에 초대형 글로벌 제
약사가 되고 이를 통해 거대한 부를 이루게 됩니다. 2009년 신종플
루가 유행하자 길리어드는 로열티로만 매년 1조 원을 벌었습니다.

우리 정부 역시 '코로나19 치료제·백신개발 범정부 지원단'을 발족하고, 개발에 필요한 심의절차를 단축하며 규제를 완화하는 등의 적극 지원에 들어갔던 거 기억하시지요? 이렇게 힘들게 만든 특허권을 공유하는 것은 말이 안 됩니다. K-방역에서 나아가 K-백신까지 만든다면 전 세계에서 대한민국이라는 민족이 얼마나 최고인지 알려 줄 수 있는 기회가 아니겠습니까?

인권짱 ── 나민족 국회의원님 말씀 잘 들었습니다. 저는 K-방역을 다른 개념으로 생각하고 있습니다. 코로나19 위기 초반 K-방역으로 세계에 주목을 받은 한국이 이번 국면에서도 감염병 대응의 새로운 모델을 제시해야 합니다. 전 세계가 코로나19 팬데믹인 상황에서 주요 국가들이 자국 이기주의 논리에서 빠져나오지 못하고 있는 것 보시지 않았습니까? 우리 정부는 공공연구개발을 전폭적으로 지원하였습니다. 이제 그 결과를 모두에게 투명하게 공개하고, 개발한 지적 재산을 공유함으로써 연구개발 성과의 공공성이 무엇인지 보여줄 기회라고 생각합니다. 실제 개발도상국 및 가난한 나라는 돈이 없어서 백신을 다량으로 구입할 수 없습니다. 더 나아가 뉴스에서 보셨듯이 부자 나라들이 백신을 자국 국민의 수와 상관없이 필요 이상으로 선점하여 백신을 살 수도 없는 형국입니다. 돈의 개념을 떠나 이것은 인류의 생명을 살릴 수 있는 길입니다. 반대로 생각하면 바이러스는 전 세계가 함께 하나의 목적을 가지고 집단 방역에 힘쓰지 않으면 종식되기가 어렵습니다. 이 팬데믹이 더 길게 갈 것인지, 아니면 우리나라의 개발 성과를 투명하게 공개해서 공공성을 보여 주는 기회로 삼을지 결정해야 할 때입니다.

환경짱 —— 저도 인권짱 사무처장님 말씀처럼 바이러스 치료제의 기술이 전과 특허권을 공유해야 한다고 생각합니다. 코로나19로 매일 수십만 명이 확진되고, 수만 명이 사망하는 상황입니다. 렉키로나주가 한국만이 아니라 전 세계의 희망이 되려면 투명한 공개가 필수적이라고 생각합니다. 여러 국가에서 생산할 수 있도록 최대한 특허를 공유하고, 필요한 경우 다른 국가에 기술을 이전해야 할 것입니다. 렉키로나주의 조건부 허가는 한국 환자들보다 더 많은 외국 환자의 참여로 이루어 낸 성과입니다. 그 혜택을 전 세계가 공유하는 것이 정의이며 윤리일 것입니다. 게다가 코로나19 위기 초기부터 문재인 대통령은 코로나19의 치료제와 백신은 전 세계가 공유해야 할 공공재이므로 공평하게 사용해야 한다고 했습니다. 셀트리온 서정진 전 회장도 코로나19 치료제 개발에 성공하면 이윤을 남기지 않겠다고 하여 이목을 끌기도 했었던 것 기억하시지요? WHO의 코로나19 기술 접근 풀COVID-19 Technology Access Pool: C-TAP[6]에 참여해 특허와 기술을 공유해야 합니다.

6

WHO에서 출범하여 코로나19 대응을 위한 보건제품과 관련된 지식, 지적 재산, 데이터를 한데 모아 모든 사람이 이용할 수 있게 한 '기술 공유 플랫폼'이다.

개발짱 —— 반대로 특허 제도를 생각해 보십시오. 그동안 피땀 흘려 바이러스에 대해 연구하고 개발했는데 아무 성과나 보상 없이 무료로 특허권을 갖겠다는 것은 욕심 아닐까요? 이런 선례가 남는다면 추후 또 다른 바이러스가 창궐했을 때 어느 제약회사가 백신을 만들기 위해 고군분투하겠습니까? 새로운 바이러스는 지속적으로 생길 거라고 생각했을 때 인정에만 호소하는 정책은 바른 대안이 아니라고 생각합니다. 제 생각에는 나민족 국회의원님의 말씀처럼 어떤 보상을 국가에서 해 주고 무언가를 요구해야 하지 않을까요?

인권짱 — 개발짱 소장님, 저도 특허 제도에 대한 보장, 즉 기존 지적 재산권을 무너뜨려서는 안 된다는 생각에는 동의합니다. 하지만 지금은 시급하고 긴급하며, 인류 생존이 달린 상황입니다. 게다가 바이러스라는 변종의 위험과 실패할 수 있다는 여러 가지 상황을 고려하고 이익을 먼저 생각하는 기업들이 코로나19 팬데믹 초기에 개발에 참여하지 않으려고 했던 것도 저희가 다 알고 있습니다. 하지만 코로나19 항체치료제 개발에 공공 연구개발 예산이 대거 투입되었기 때문에 참여한 것 아니겠습니까? 이로 인한 이익을 셀트리온이 독점해서는 안 되는 거 아닐까요? 렉키로나주의 개발은 단순히 민간 회사만의 노력이 아니라 공공이 함께 힘을 모아 만든 치료제라는 점에서 특별합니다. 개발 초기에 국내 코로나19 감염에서 회복된 환자의 혈액 샘플을 활용해 질병관리청 국립보건연구원과 셀트리온이 항체 후보물질을 발굴, 선별하고, 대량생산 방법을 모색하는 연구를 공동으로 진행했다는 점을 고려해 보십시오. 차라리 열린 코로나19 특허Open COVID License-Patent 서약운동에 참여하는 방법이 나을 것 같습니다.

사회자 — 네, 시간 관계상 마무리를 해야 할 것 같습니다. 오늘 풍부한 배경지식을 바탕으로 다양한 대화가 펼쳐져 사회자로서 매우 뿌듯합니다. 지금까지 총 네 개 주제에 대한 토론을 마쳤는데요. 객관적인 정보와 지식을 워낙 많이 제공해 주신 탓에 시청자 여러분도 합리적인 판단을 하셨을 것으로 생각합니다. 바이러스 문제는 환경, 쓰레기, 인권, 특허권 등 다양한 문제가 발생하는 중대한 사안이므로, 전 세계가 연대의식을 가지고 함께 해결해 가야 합니다. 특정 집단의 이익만 대변하는 기사를 보면 편협하게 생각하게 됩니다. 오늘은 매우 균형 잡힌 시각을 제공함으로써, 시민들의 소양을 한층 끌어올렸을 것이라고 생각합니다. 오늘 참석해 주신 토론자와 시청자분들께 감사드립니다.

미래로 가는 바이러스의 백신 개발 연구

세계 최초 신종 인플루엔자 치료제 '타미플루'를 개발한 마이클 리오던의 일화를 읽고 미래로 가는 바이러스 연구는 어때야 할지 생각해 봅시다.

마이클 리오던은 대학생 때 필리핀에 구호활동을 갔다가 모기에 물려 뎅기열 바이러스에 감염되었습니다. 약 3주 동안 고열, 피로, 메스꺼움에 시달리며 누워 있어야 했지요. 의사에게 물어봤지만 마땅한 치료제가 없다는 말만 들었다고 합니다. 세균은 항생제로 손쉽게 치료할 수 있지만 바이러스는 워낙 다양하고 변이가 빠르게 일어나기 때문에 제약회사가 약을 개발하지 않아 자연적으로 낫는 것 말고는 방법이 없었습니다.

그래서 마이클 리오던은 직접 치료제를 개발하겠다고 나섰습니다. 그가 창업한 제약회사 길리어드는 처음에는 벤처기업 수준이었지만 타미플루를 개발했습니다. 길리어드는 창업 후 줄곧 바이러스 질환의 치료제 개발에 매달렸습니다. 타미플루 외에도 에이즈·간염 등 바이러스 치료제, C형 간염 치료제 등이 길리어드에서 탄생했습니다. 신약 개발로 번 돈을 다시 과학 연구에 투자해 세계적인 제약사로 성장했다는 점이 눈여겨볼 만합니다.

지구는 인류만의 것이 아니며, 바이러스와 함께 공존·공생해야 하는 곳입니다. 어떻게 이로운 바이러스를 활용할 수 있을까요? 첫째, 팬데믹에 대비한 백신 개발을 하여 전 세계가 서로 협력함으로써 앞으로 다가올지 모르는 비상사태에 대비해야 합니다. 둘째, 암 정복을 돕는 인공 바이러스로 암을 치료하는 날이 머지않았습니다. 바이러스로 암을 정복하기 위한 연구에 보다 박차를 가해야 할 것입니다.

바이러스로 인한 문제, 어떻게 해결해야 할까

마무리 하기

1. 다음 바이러스에 관한 토론 내용을 보고, 각 주장에 관한 근거를 정리해 적어 보세요.

바이러스로 인한 문제, 어떻게 해결해야 할까?

바이러스, 자연의 역습인가?	바이러스는 인간이 만든 문명에 대한 자연의 역습이다. 근거 :	바이러스는 지구가 생성되기 전부터 존재했다. 근거 :
방역과 환경 사이의 일회용품 딜레마, 어떻게 해결해야 할까?	바이러스 상황에서도 일회용품 사용은 자제해야 한다. 근거 :	바이러스 상황에서는 일회용품 사용이 불가피하다. 근거 :
공공의 이익을 위해 개인의 자유는 침해되어도 되는가?	공중보건 위기 상황인 만큼, 개인의 자유 제한은 불가피하다. 근거 :	어떤 상황에서든 개인의 인권은 존중받아야 한다. 근거 :
바이러스 치료제, 기술이전과 특허권을 공유해야 할까?	특허권의 중요성을 인정해 주어야 한다. 근거 :	공유해서 바이러스를 해결해야 한다. 근거 :

2. 바이러스와 백신에 관한 본인의 입장을 적어 보세요.

▲ **니콜라 푸생**(1594~1665년), 「**아슈도드에 번진 흑사병**」, 1630년. 인류를 공포로 몰아넣었던 전염병 중 대표적인 것이 페스트이다. 이 작품에서는 페스트가 창궐한 17세기 유럽의 현실을 사실적으로 보여 주고 있다. 지금의 코로나 팬데믹 상황을 어쩌면 페스트 상황에 견줄 수 있지 않을까?

· 쟁점 4 ·

재활용

— 쓰레기 대란의 해결책은 재활용밖에 없을까

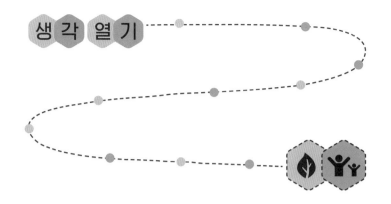

코로나19로 인해 대한민국을 포함해 많은 국가가 큰 변화를 겪게 되었습니다. 코로나19는 2019년 12월에 중국 우한에서 시작되어 현재는 전 세계로 퍼진 바이러스입니다. 호흡기 감염질환으로 비말에 의한 감염이 주된 확산 요인이며, 비말이 호흡기나 점막에 침투될 경우 감염 확률이

▲ 코로나19로 헬스장에 가지 못하고 집, 공원, 산에서 운동하는 사람들이 늘어나고 있다.

높아집니다. 전염성이 높아 백신과 치료제가 완벽하지 않은 이상 사람과 사람 사이의 접촉을 피하는 것이 최대한의 예방법입니다.

코로나19가 전 세계의 문제가 된 지금, 많은 것이 변화하고 그에 맞추어 사람들의 삶의 모습이 변화하고 있습니다. 홈트(홈

트레이닝), 산스장(산+헬스장), 공스장(공원+헬스장) 등의 신조어가 삶의 변화를 나타내 주고 있습니다. 사람 사이의 접촉을 줄이기 위해 쇼핑몰, 헬스장과 같은 실내에서 이루어지는 활동보다 등산, 산책 등 자연에서 즐길 수 있고 실외에서 이루어지는 활동들을 더 많이 찾게 되었습니다. 자연스레 자연과 함께 있는 시간이 증가하며 자연환경에 대해 관심도 높아지고 있습니다.

사람들이 이때까지 누리던 삶을 잠시 멈추니 우리 환경의 모습도 변화하게 되었습니다. 쉼 없이 발전을 위해 앞만 보고 내달렸지만, 이제는 모든 것이 멈추게 되었습니다. 공장들이 잠시 가동을 중단하고, 사람들의 이동량이 감소하여 탄소배출량이 줄어들어 대기 환경도 좋아졌습니다. 사회적 거리두기가 본격화된 2020년 4월에는 초미세먼지(PM2.5) 평균 농도가 2019년 같은 기간보다 46% 낮아진 것으로 조사되었고, 최근 3년 평균 농도와 비교해도 42% 감소한 것으로 파악됐다는 뉴스 기사도 보도되었습니다. 이러한 대기 환경의 변화는 특히 밤에 느낄 수 있습니다. 밤하늘의 별이 보이기도 하니까요. 스모그로 인한 대기오염이 매우 심한 인도 뉴델리는 코로나19의 전염을 막기 위해 국가봉쇄령을 내렸고, 이로 인해 산업 시설, 차량 운행 등의 중단으로 오염물질 배출량이 감소하여 대기질이 나아졌다고 합니다.

또 미국에서는 이동금지 명령을 내려 야생동물 수천만 마리의 목숨을 살렸다는 기사도 나왔습니다. 미국 캘리포니아 주립대학교 데이비스 캠퍼스의 도로생태계 센터에서 최근 펴낸 「코로나19로 인한 야생동물 찻길사고 감소」 보고서에서 야생동물 로드킬[1]이 44%나 줄었다고 합니다. 이동제한 명령으로 교통량이 줄게 되고 도로에 달리는 차가 적어지자 로드킬을 당하는 야생동물의 숫자가 줄어들게 된 것입니다.

코로나19로 인해 환경에 긍정적인 변화도 있었지만, 엄청난 문제도 발생하고 있습니다. 바로 쓰레기입니다. 사람들 사이의 접촉을 최소화하기 위해 식당에서 밥을 먹고, 카페에서 커피를 마시는 일이 많이 줄어들게 되었습니다. 2020년의 경우 송년회처럼 한 해를 마무리하면서 고마운 사람들, 가족들과 함께 외식을 하며 새로운 해를 맞이하는 모습을 보기 어려웠습니다. 회사에서도 회식을 삼가고 개인적으로 회식비에 상응하는 도시락이나 선물을 주었습니다. 식당에 가서 식사를 하는 대신에 배달이 잦아지게 되어 일회용품의 소비가 증가하였습니다. 또 우리가 매일 쓰고 있는 마스크를 올바르게 폐기하지 않아 야생동물들이 피해를 입는 일도 생기고 있습니다.

동물이 도로를 건너다 자동차 등에 치여 죽는 사고. 인간의 편의를 위해 자동차 사용과 도로 건설이 증가하여 동물 서식지가 단절되면서 그 발생 빈도도 높아지고 있다.

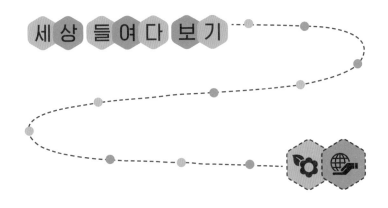

　일상생활에서 소비되어 사라지지 못한 것 중에 쓸모없어서 버려야 할 것을 '쓰레기'라고 합니다. 하루에 생활하면서 쓰레기가 얼마나 나오는지 한번 생각해 보도록 합시다. 밥을 먹으면 음식물쓰레기가 나오고, 카페에 가서 음료를 테이크아웃 하면 플라스틱 컵과 빨대가 나오며, 사고 싶은 물건을 사서 택배를 받으면 물건을 포장한 박스와 포장지가 쓰레기로 나오게 됩니다. 보통 사람들이라면 쓰레기가 나오지 않는 날은 없을 것입니다. 실제로 코로나19로 인해 해마다 10% 내외의 상승세를 보이던 택배 물동량은 두 배로 늘었습니다. 한국통합물류협회에 따르면 2020년 상반기에 배달된 국내 택배 상자는 16억 770만 개라고 합니다. 지난해 같은 기간 배달된 택배 상자(13억 4,200만 개)에 비해 19.8% 늘어난 양입니다. 우리가 물품을 받은 뒤 버리는 택배 상자, 완충재 쓰레기도 그만큼 더 많아졌겠지요?

그럼 이런 쓰레기들은 어떤 방법으로 처리하게 될까요? 크게 세 가지 방법으로 처리됩니다. 매립, 소각, 재활용입니다. '플라스틱 아일랜드'라는 말이 생겨나게 된 해양 투기 방법도 있으나 이는 국제법상 금지되어 있어 줄어드는 추세입니다. 가장 많이 사용되는 방법은 매립입니다. 매립은 쓰레기 매립지에 쓰레기를 묻는 방법으로 이는 토양오염과 악취의 문제점이 있습니다. 소각은 쓰레기를 소각로에서 태우는 방법이라 대기오염이 발생합니다. 재활용은 요즘 큰 이슈가 되고 있는 방법인데, 포괄적인 의미로 다시 쓰기, 고쳐 쓰기, 다른 물건으로 만들어 쓰기의 방법이 재활용에 해당됩니다. 이는 세 가지 방법 중에 환경오염을 최소화하는 방법입니다.

▲ 포괄적인 의미로 다시 쓰기, 고쳐 쓰기, 다른 물건으로 만들어 쓰기의 방법이 재활용에 해당된다.

그럼 우리나라는 쓰레기 처리를 구체적으로 어떻게 하고 있을까요? 우리나라의 경우는 1995년부터 쓰레기 종량제를 시작하여 종량제 봉투 안에 쓰레기를 담아 버립니다. 그러면 이 쓰레기들을 소각하거나 매립하여 처리하지요. 쓰레기 처리장으로 이용할 수 있는 장소는 줄어들고, 소각 시 환경오염도 무시하지 못합니다. 분리수거를 하여 재활용하는 쓰레기들도 있지만, 처분하기 어려운 쓰레기의 양도 지속적으로 증가하고 있습니다.

특히 코로나19로 인해 배달 음식과 택배 이용이 증가함에 따라 플라스틱으로 만든 일회용 제품 사용량이 증가하여 이를 처리하는 어려움과 환경오염이 심해지고 있습니다. 플라스틱 같은 경우에는 원료가 석유이기 때문에 소각하면, 일산화탄소, 암모니아, 다이옥신[2] 등의 환경오염물질이 발생하게 됩니다. 또 매립하면 분해가 잘되지 않아 썩지 않고 그대로 있게 됩니다. 플라스틱의 경우 처리량에 비해 배출량이 월등하게 많아 처리에 어려움을 겪고 있습니다.

쓰레기 소각로와 화학물질. 종이 산업에서 생산되는 독성이 있는 환경오염 물질. 동물의 지방에 축적되어 이런 동물 식품을 먹으면 이에 노출된다.

일상생활에서 쓰레기가 나오지 않을 수는 없다. 쓰레기를 처리하는 가장 대표적인 방법은 '종량제 봉투' 사용과 '분리수거'이다. 일반 가정에서 쓰레기를 처리하는 방법으로 일반 쓰레기는 '종량제 봉투'에 넣어 버리고, 재활용이 가능한 쓰레기는 '분리수거'를 한다. 일반적으로 사람들이 재활용이 가능한 쓰레기를 종류에 맞게 분류하여 처리하는 것을 '분리수거'라고 하는데 '수거'는 거두어 간다는 의미가 내포된 것이므로 가정에서 분류하여 내놓는 것은 '분리배출'이라는 표현이 더 적절하다.

분리배출은 재활용을 위해 하는 것인데, 재활용은 원제품을 다시 자원으로 만들어 새로운 제품이나 다른 제품의 원료로 이용하는 일이다. 우리나라는 1995년 쓰레기 종량제가 실시되면서 분리배출 제도도 함께 시행되었다. 우리나라의 쓰레기 재활용률은 60% 정도로 세계 2위에 달한다. 우리가 이렇게 열심히 분리배출을 하는 이유는 재활용을 하기 위해서이다. 현재 재활용되는 것은 종이, 종이팩, 유리, 알루미늄 캔, 철 캔, 페트, 플라스틱, 비닐 등이 있다. 재활용은 자원의 보존에 도움이 되고 매립과 소각의 양을 줄여 환경오염을 막을 수 있다는 장점이 있다. 캔으로 새로운 캔을 만들거나 금속 제품을 만들 수 있고, 종이는 건축 자재, 재생 용지 등으로 재활용될 수 있다. 유리 역시 새로운 유리 제품이나 도로포장용 물질을 만드는 데 이용되며, 플라스틱은 새로운 플라스틱으로 만들 수 있고 석유가 원재료이기 때문에 원료로 쓰일 수도 있다.

쓰레기 대란은 코로나19로 인해 좀 더 심해졌다는 것이지 예전에는 없었던 사회문제가 아니다. 쓰레기로 인하여 기후 변화가 일어나 많은 환경 단체가 쓰레기를 줄이기 위해 목소리를 내고 있었다. 이러한 쓰레기 대란을 막기 위한 방법으로는 환경오염과 처리 장소가 문제가 되는 매립, 소각, 해양 투기를 제외하면 재활용밖에 없을까?

이러한 문제를 해결하는 방안을 찾기 위해 공중파 KBC 방송에서는 전문가들을 초청하여 긴급 편성 토론을 열게 되었다.

주제 1
쓰레기 대란은 소비자만의 문제인 것인가

사회자 — 코로나19로 인하여 사람들의 삶에 많은 변화가 일어났습니다. 코로나19 전염 확산을 막기 위해 사회적 거리두기, 모임 금지

등이 일상이 되면서 배달 음식 증가, 택배 증가, 일회용 마스크 사용, 일회용품 사용의 일시적 허용 등을 통해 '쓰레기 대란'이 발생했습니다. 요즘 이상 기후로 인한 기후 변화도 체감할 수 있을 정도로 심각해지고 있습니다. 환경오염을 줄이며 쓰레기 처리를 올바르게 할 수 있는 방법을 모두가 찾고 있습니다. 환경오염을 줄일 수 있는 쓰레기 처리 방법으로는 '분리배출'이 대표적 예인데 이는 사실 물건을 사용하는 소비자가 해야 하는 일입니다. 그럼 이 쓰레기 대란의 문제는 소비자들이 노력한다고 해서 친환경적으로 해결될 수 있을까요?

김환경 —— 모두 잘 알고 계시겠지만 우리나라는 쓰레기를 올바르게 분리배출하는 나라입니다. 국민들이 재활용의 중요성을 잘 알고, 분리배출의 필요성을 알아 성실하게 실천하고 있습니다. 하지만 분리배출을 하다 보면 많은 어려움에 부딪히게 됩니다. 이 제품이 알루미늄 캔인지, 철 캔인지 구분이 어렵다거나 지난주에는 분명히 영수증을 종이류에 분리하였는데 이번 주에는 종이류가 아니라고 하는 경우 등이 있었습니다. 분리배출에 대해 두루뭉술하게 알고 있기 때문에 정확하게 어떤 제품이 재활용되는지, 어떤 방법으로 분리를 해야 하는지 한눈에 알아보기 쉬운 매뉴얼이 있다면 소비자들이 분리배출하기가 좀 더 쉬울 것입니다. 정부에서 모든 국민이 알기 쉽게 한눈에 볼 수 있는 매뉴얼을 만들고, 많은 홍보를 하여 정확하고 획일화된 정보를 안내해야 한다고 생각합니다.

이분리 —— 맞습니다. 정확한 매뉴얼과 홍보가 있다면 사람들이 더욱 적극적으로 참여할 것입니다. 또 분리배출을 하다 보면 한 제품이 모두 플라스틱이나 병으로 이루어져 있는 것이 아닙니다. 생수통을 예로 들면, 생수명과 제품 정보가 쓰여 있는 라벨이 생수통 중간에 붙어 있습니다. 생수통의 몸체는 PET인데, 올바른 PET의 분리배출 방법은 내용물을 다 비워 깨끗하게 헹군 다음 다른 비닐이나 종이류가 붙어 있지 않도록 떼고, 찌그러뜨려서 배출하여야 합니다. 그런데 분리수거를 하려고 보면, 생수통이나 음료수 병에 붙어 있는 라벨들이 잘 떼어지지 않는 경우가 대다수입니다. 깨끗하게 떼어지지 않을 경우 물을 묻혀서 떼어 내야 하고, 내용물을 비워 내기 위해 물로 몇 번씩 헹구게 됩니다. 이럴 때 가끔 재활용을 하기 위해 물을 더 쓰고, 수질오염을 시킬 수 있겠다는 생각을 하게 됩니다. 이런 과정들에서 어려움을 느끼게 되면 사람들은 귀찮으니 일반쓰레기에 버려야 한다고 생각할 수 있습니다. 그렇기 때문에 제품을 포장하는 기업들이 좀 더 친환경적으로 제품 포장을 하는 방법을 강구해야 한다고 생각합니다.

김환경 2018년 8월 2일부터 「자원의 절약과 재활용촉진에 관한 법률」을 적용하여 카페, 패스트푸드 매장 내 취식 시 일회용컵 사용이 전면 금지되었습니다. 이 정책이 자리 잡혀 갈 즈음 코로나19 감염병 위기 경보가 '심각'으로 격상되어 중앙재난안전대책본부는 지방자치단체의 판단에 따라 식당과 카페 내에서도 일회용품을 사용할 수 있게 했습니다. 그러자 카페 내 일회용컵 수거량은 2020년 2월 3만 6,572kg에서 8월 6만 1,547kg으로 급증했습니다. 일회용컵 사용량이 줄고 있었는데 코로나19 때문에 다시 늘어났습니다. 이러한 돌발 상황들이 계속하여 발생할 수 있는데 그때마다 이렇게 안정화되어 가고 있는 정책들을 바꾸게 된다면 쓰레기 문제가 해결되지 않을 것입니다. 정부가 각 상황에 맞게 적절한 정책을 세워야 한다고 생각합니다.

사회자 — 두 분의 의견 잘 들었습니다. 모든 문제가 그렇듯 개인만의 노력으로 해결되는 일은 없는 것 같습니다. 기업과 국가, 개인이 모두 힘을 합해야 문제를 해결할 수 있습니다.

주제 2
우리가 분리배출한 재활용, 잘 처리되고 있는 것인가

사회자 — 김환경 님의 말씀처럼 사회 상황은 계속 변화하게 되어 있습니다. 코로나19 바이러스가 종식되더라도 사람들은 불안감에 일회용 마스크와 장갑을 사용할 것이고, 이로 인해 일회용 마스크, 장갑의 사용량이 계속 늘어날 것으로 보입니다. 환경부에 따르면 2020년 1~8월 배출된 플라스틱은 전년 같은 시기 대비 14.6% 늘었습니다. 비닐도 전년 같은 시기 대비 11% 늘었습니다. 이는 전국 지방자치단체가 주택가에서 수거한 폐기물만 종합한 수치입니다. 아파트 단지에서 나오는 폐기물들은 민간업체들이 수거하는데 이 수치는 포함되어 있지 않습니다. 그래서 2020년은 재활용 폐기물 증가세가 사상 최대치였던 해라는 말이 나올 정도인데 재활용은 올바르게 되고 있는 것일까요?

김환경 —— 현재 재활용 수거율이 현저히 떨어진다고 합니다. 특히 플라스틱류 재활용에 어려움을 겪고 있습니다. 재활용 폐기물의 많은 부분을 차지하는 PET, 비닐, 플라스틱 배달 용기 원료의 대부분은 석유로 만드는 플라스틱류입니다. 고유가 시기에는 이 플라스틱이 귀한 재생원료로 취급받아 재활용 수거율이 굉장히 높았습니다. 석유 값이 비싸서 새 플라스틱을 만들기 위한 돈이 많이 들어 플라스틱 재활용으로 원료를 재생산하여 만드는 것이 돈이 훨씬 적게 들기 때문입니다. 그러나 2018년 중국이 플라스틱을 대량으로 사들이던 것을 멈추었고, 올해는 유가마저 떨어지면서 상황이 바뀌었습니다. 배출되는 플라스틱은 늘었는데, 석유 값이 떨어져 재활용하여 플라스틱을 만드는 것보다 새로운 플라스틱을 만드는 것이 가격 경쟁력이 생겼기 때문입니다. 우리나라의 재활용 폐기물 수거 시장의 대부분은 민간업체가 차지하고 있습니다. 민간업체들은 돈을 주고 재활용 폐기물을 수거한 뒤 이를 되팔아 이득을 남기는데 플라스틱 가격이 떨어지면 수거해 가는 것이 도리어 손해입니다. 그래서 분리배출한 재활용품들이 수거되지 못하고 쌓여 있는 것을 볼 수 있습니다. 이렇듯 우리가 분리배출을 열심히 한다고 해서 올바르게 처리되는 것이 아닙니다. 국제 정세에 따라 상황이 변하게 되어 있습니다.

이분리 —— 국제 정세에 영향을 받아 2018년 중국에서 더 이상 비닐을 수입하지 않겠다고 하여 우리나라 비닐 재활용에 어려움이 있었던 예도 있습니다. 그래서 이러한 국외 정세에 흔들리지 않도록 우리나라 내부에서 재활용으로 재생 원료를 만들어 활용할 수 있는 방안을 만들어야 한다고 생각합니다. 이러한 방안으로 환경부가 '자원 순환 정책 대전환' 계획을 발표했습니다. 2024년까지 제품 생산 이후 재활용품으로 배출, 처리되는 과정의 개선 방안을 제시하였습니다. 생산자가 제품을 생산할 때부터 플라스틱 사용을 줄이게 하고, 지자체가 재활용 폐기물 수거를 책임지고 관리하게 하며, 재활용품 선별업체 지원을 강화해 재생원료의 품질을 높이고, 폐기물 처리 시설을 늘려 폐기물을 안정적으로 처리하겠다는 방안입니다. 이로 인해 다회용 택배 상자를 만들어 포장재 줄이기 방안도 나오게 되었습니다.

주제 3
쓰레기 대란은 재활용만이 답인가

사회자 — 앞서 이야기를 나누었던 것처럼 변화하는 국제 상황과 재활용 처리 구조가 빠르게 변화되지 않는 불가피한 상황에서 우리가 '재활용'만을 고집할 수는 없을 것 같습니다. 또 재활용하여 재생 원료로 만든다고 하더라도 그 과정에서 발생하는 환경오염 요소도 무시할 수 없을 것입니다. 어떤 방법으로 우리가 쓰레기 대란을 해결할 수 있을까요?

김환경 — 요즘 이슈가 되고 있는 당근마켓 아시지요? 자신이 거주하고 있는 동네의 사람들과 직거래로 자신이 더 이상 쓰지 않는 물건을 중고 거래하는 앱입니다. 실제 이 앱이 활성화됨에 따라 쓰레기가 줄어들었다는 통계가 있습니다. 예전의 '아나바다운동'이 휴대폰 어플로 광범위하게 실현된 것입니다. 즉, 중고 거래가 쓰레기 대란의 예방법이 될 수 있습니다. 자신이 필요한 만큼 사용하고, 그 물건을 되팔아 또 필요한 물건을 합리적인 가격에 구매할 수 있습니다. 이렇게 되면 물건의 낭비도 막을 수 있게 됩니다.

이분리 ── ZERO WASTE 캠페인도 있습니다. ZERO WASTE는 아예 폐기물이 나오지 않도록 하는 데 초점을 맞춘 원칙입니다. 환경을 보호하기 위해 쓰레기 배출량을 줄이기 위한 자신만의 방법들을 공유하여 폐기물을 없애기 위해 노력합니다. 예를 들면, 개인 용기를 가져가서 음식 포장을 하거나, 먹고 남은 재료로 다른 음식을 해먹는 방법들이 있습니다. 우리가 흔히 사용하고 있는 텀블러, 장바구니, 종이빨대 사용도 ZERO WASTE 캠페인의 일종입니다. 환경에 대한 관심이 증가하는 만큼 사람들이 다양하게 자신만의 재활용 방법을 창조하여 공유하게 된다면 일상생활의 일부분에서는 폐기물이 아예 나오지 않을 수도 있을 것입니다.

사회자 ── 두 분 말씀 잘 들었습니다. 생활쓰레기의 증가로 큰 환경 변화가 나타나고 있습니다. 코로나19와 같은 전염성이 강한 바이러스는 계속 생겨날 수 있기 때문에 이제는 우리가 당연시 여겨 왔던 것들을 포기하거나 변화시키는 것이 일시적 선택이 아닌 필수가 되었습니다. 그래서 우리는 지금을 자연 속에서 더불어 살아가기 위해 환경을 생각하는 삶을 재구성할 수 있는 기회라고 여기고 위기를 극복해 내야 합니다. 개인, 기업, 국가가 모두 협력하여 다양한 방법을 강구함으로써 지속 가능한 삶을 살 수 있도록 해야 할 것입니다.

쓰레기에 새 생명을 불어넣어 주는 '업사이클링'

▲ 쓰레기를 재활용하는 것에서 나아가 새롭게 탄생시키는 것을 업사이클링이라고 한다.

재활용을 recycling이라고 한다. recycling을 upgrade시킨 것이 upcycling인데, 쓰레기를 재활용하는 것에서 나아가 새롭게 탄생시키는 것을 업사이클링이라고 한다. 사람들이 집에 있는 시간이 증가함에 따라 이러한 업사이클링 활동도 늘어나고 있다. 다양한 택배 박스를 이용하여 수납장을 만들거나, 이리저리 낱장씩 있는 종이들을 바인더로 묶어 멋진 공책으로 탄생시키기도 한다. 집에서 키우는 화초들의 화분을 페트병, 캔, 일회용 포장 용기 등으로 멋지게 만들어 집안 장식을 하기도 하고 못 신게 된 양말의 목을 활용하여 컵 받침대를 만들기도 한다. 단순 재활용이 아니라 각자 개인의 취향을 담아 물건을 만들고, 새로운 기능을 가진 제품으로 탄생시킴으로써 자원 순환적 성격을 가진 취미 생활로도 승화 가능하다. 더 이상 사용하지 않는 물건을 새로운 기능으로 사용하기 위해 물건을 바라보는 다양한 시각을 가질 수 있어 창조적이고 생산적인 활동이므로 성취감도 느낄 수 있다. 또 물건을 재사용함에 따라 환경오염도 줄일 수 있어 점차 확대되어야 할 활동이다.

마무리 하기

쓰레기 대란의 해결책은 재활용밖에 없을까

1. 올바른 분리배출의 방법을 써 보세요.

종류	세부 품목	분리배출 요령

2. 일상생활에서 내가 실천할 수 있는 ZERO WASTE 방법을 써 보고, 실천해 보세요.

종류	ZERO WASTE 대체품과 실천 내용

▲ **비반 순다람**(1943~), 「Metal Box」, 2008년. 인도의 현대 미술가인 비반 순다람의 작품이다. 수많은 깡통 이미지를 통해 쓰레기가 쌓여 가는 도시 환경의 문제를 환기해 보는 것은 어떨까?

· 쟁점 5 ·
에너지
─ 태양광 에너지가 기존 에너지원을 대체할 수 있을까

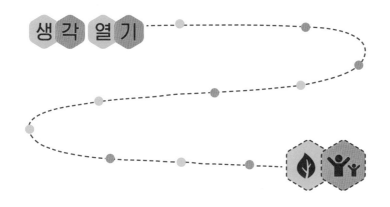

생각 열기

휴대폰이 없다면 어떻게 될까요? 휴대폰 없이 친구와 소통하려면 편지를 보내 며칠을 기다리거나 직접 찾아가야 할 것입니다. 냉장고가 없다면 어떨까요? 한여름 무더위에 아이스크림을 먹을 수 없고 요리한 음식은 금세 쉬어서 버리게 될 것입니다. 전기기구는 우리 사회에서 그것이 없는 삶은 더 이상 생각할 수 없을 정도로 편의를 제공하고 있습니다. 이와 더불어 전기기구를 작동시키는 에너지는 인류에게 필수적인 존재가 되었습니다.

비단 현대사회뿐만 아니라 인류가 시작될 때부터 에너지는 문명 발전과 언제나 함께했습니다. 불은 인류가 최초로 사용한 에너지입니다. 인류는 불을 사용하여 음식을 익혀 먹고 토기를 제작하여 잉여 생산물을 안전하게 보관하는 등 불을 통해 생활양식 변화와 문명 발전의 기틀을 마련하였습니다.

17세기 과학혁명, 18세기 산업혁명 이후 우리 사회는 본격적으로 근대 사회에 접어들었습니다. 증기기관의 탄생으로 공장에서 대량생산이 가능해지고 기차와 자동차가 개발되어 이동 수단의 혁신이 이루어졌으며 전구의 보급으로 가정의 생활 양식이 변했습니다. 이렇게 인류 사회의 혁신과 변화는 에너지를 기반으로 이루어졌으며 인류 문명이 고도화될수록 더욱 많은 에너지가 필요할 것입니다.

해마다 에너지 소비량이 증가하고 있습니다. 그러나 우리가 사용하는 에너지의 대부분을 제공하는 화석 연료는 무한히 존재하는 것이 아닙니다. 전문가들마다 그 시기는 다르지만 공통적으로 가까운 미래에 화석 연료가 고갈될 것이라는 의견을 발표하고 있습니다. 에너지원이 고갈되면 더 이상 전기기구인 휴대폰, 냉장고를 사용할 수 없는 걸까요? 이 문제를 해결하기 위한 대안으로 태양에너지가 주목받고 있습니다.

수소와 헬륨으로 구성된 태양에서는 끊임없이 수소 핵융합 반응이 진행되며 엄청난 양의 빛과 열, 방사선 등의 에너지가 쉼 없이 방출되고 있습니다. 매년 지구에 도달하는 태양에너지의 양은 358만 엑서줄[1]로 전 세계 인류가 한 해 동안 사용하는 에너지의 6,500배에 달하는 막대한 양입니다. 이만큼 엄청난 양의 태양에너지는 앞으로 최소 50억 년 동안 계속 방출될 것이고 이것만 잘 활용해도 인류는 에너지 걱정 없이 살 수 있을 것입니다.

현재 인류는 태양에너지를 태양열과 태양광의 형태로 사용

엑서줄(exajoule)의 접두어 'exa'는 뒤에 0이 18개 붙는다는 뜻이다. '줄(joule)'은 에너지(energy), 일(work)과 열량(amount of heat)의 단위로 국제단위계의 유도단위이다.

▲ 엄청난 양의 태양에너지는 앞으로 최소 50억 년 동안 계속 방출될 것이고 이것만 잘 활용해도 인류는 에너지 걱정 없이 살 수 있을 것이다.

하고 있습니다. 태양열 에너지는 주로 난방 장치에 활용됩니다. 태양에서 지구에 도달한 열에너지를 한곳에 모아 얻은 고열로 집을 따뜻하게 하고 물을 데우는 데 사용합니다.

이와 다르게 태양광 에너지는 태양에서 온 빛에너지를 전기에너지로 변환하여 전기기구를 작동하는 데 사용합니다. 반도체로 구성된 태양전지판에 태양의 빛에너지가 도달하면 n형 반도체에서 광전효과가 발생하여 전자가 나오게 됩니다. 전자는 도선을 따라 흐르며 전기기구를 작동시키고 p형 반도체를 거쳐 다시 n형 반도체로 돌아와 전기회로를 완성합니다. 빛이 있는 한 이 과정이 무한히 반복될 것입니다.

태양광 발전 방식은 에너지원이 무한하고 발전 과정에서

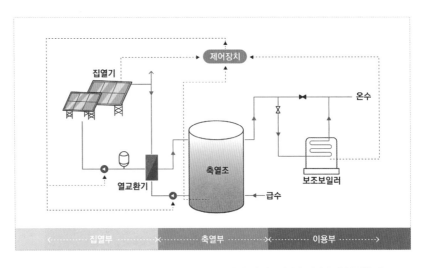

▲ 태양열 에너지를 활용한 난방: 태양열 에너지는 에너지 밀도가 낮고 계절별, 시간별 변화가 심한 에너지이므로 집열과 축열 기술이 가장 기본이 되는 기술이다.

환경오염을 일으키지 않는 청정한 차세대 에너지원으로 주목받고 있습니다. 더불어 발전소를 지어야 하는 기존의 화력, 수력, 원자력 발전과 다르게 장소에 제한이 없어 필요하다면 어디든 설치하여 전기에너지를 얻을 수 있다는 이점이 있습니다. 그러나 태양광 에너지를 충분히 검토하지 않고 이점만 생각하여 맹목적으로 적용한다면 인류는 생각지도 못한 새로운 문제에 직면하게 될 수도 있습니다.

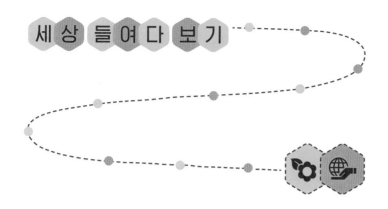

세상 들여다 보기

2021년 1월, 세상은 다시 한 번 환경오염 문제에 관심을 갖게 되었습니다. 그 이유는 새로 당선된 미국 대통령 조 바이든이 파리 기후 변화 협약 재가입 의사를 밝히고 2050년 탄소배출 제로화, 2035년까지 환경과 청정에너지 산업에 2조 달러를 투자한다는 공약을 내세웠기 때문입니다.

환경오염이란 자연이 더 이상 스스로 정화할 수 없는 상황에 도달하여 생기는 각종 문제점을 일컫습니다. 인류가 문명을 영위하기 위해 에너지를 생산하고, 도구를 사용하고, 작물·가축을 길러 소비하는 과정에서 생기는 부산물을 무책임하게 처리하여 발생하게 됩니다. 특히 인류 문명의 원동력이라 할 수 있는 에너지 생산이 결국 환경오염 문제로 인류의 생존을 위협한다는 것이 아이러니컬합니다.

지구온난화와 기후 변화, 쓰레기섬, 생태계 교란·파괴 등 환경오염 문제의 심각성을 느낀 세계는 2015년 제70차 UN총회에서 2030년까지 달성할 인류 공동의 17개 목표를 제시하며 지속 가능 발전의 이념을 실현할 것을 결의하였습니다. 또 모든 국가에게 인류의 번영을 위해 힘씀과 동시에 환경을 보호할 것을 촉구하였습니다.

우리나라 정부도 지속 가능한 발전의 요구에 발맞춰 2020년 7월에 한국판 뉴딜 정책을 발표하였습니다. 기후 변화, 미세먼지로 인해 발생하는 국민의 안전 위협과 경제적 비용을 고려하여 저탄소·친환경 경제로의 전환을 전망하였습니다. 또 탈석탄, 탈원전 공약을 추진하며 이를 대체할 신재생에너지인 태양광 에너지에 적극 투자하고 있습니다.

그러나 일각에서는 태양광 에너지가 진짜 친환경적인지에 대한 의문을 갖고 있습니다. 기존 발전원에 비해 낮은 에너지 생산량과 높은 발전 비용 때문에 경제적이지 않다는 주장을 펼치고 있는 상황입니다.

태양광 에너지의 사용에 대해 환경오염의 대응책으로서의 찬성론자와 비효율, 경제적 비용을 근거로 반대하는 반대론자에 대한 이해를 바탕으로 한 논의가 필요해 보입니다.

태양광 에너지가 기존 에너지원을 대체할 수 있을까

미세먼지로 고통받고 있는 현실은 먼 이웃 나라의 소식이 아니라 현재 우리 사회가 겪고 있는 문제이다. 비단 미세먼지뿐만 아니라 산성비, 중금속 누출, 미세플라스틱, 환경 호르몬, 방사선 피폭 등 인간이 생활을 영위하며 발생시킨 환경문제는 더 이상 과거의 경고가 아니며 이제 우리 코앞까지 다가와 직간접적으로 우리의 건강과 생명을 위협하고 있는 상황이다.

환경문제를 해결하기 위해 범세계적 기구와 선진국에서는 환경 개선을 위한 각종 정책을 내놓으며 노력하고 있지만 환경 개선이 얼마나 이루어질지는 미지수이다. 일례로 지구온난화에 영향을 미치는 이산화탄소의 배출량을 줄이기 위해 교토의 정서를 협약하였으나 많은 오염물질을 배출하는 후진국이 제외되었고, 탄소배출량이 높은 미국 등의 선진국이 탈퇴하는 등 실효성을 보이지 못했다는 비판을 받았다.

환경 보존은 단순히 개별 국가의 노력으로만 이루어지는 것이 아니라 전 세계의 국가, 지역사회, 개인 등 지구촌을 이루는 모든 구성원이 함께 노력할 때 비로소 진전이 보일 것이다.

○○고 학생들은 범교과 융합수업에서 인류가 겪고 있는 환경문제를 진단하고 이를 해결하기 위한 과학기술, 사회경제 측면의 여러 가지 방안에 대해 토의하였다. 신재생에너지의 도입, 재활용품의 사용, 에너지 절약, 정책 시행 등 환경문제를 해결하기 위한 여러 방안에 대해 의견을 나누었다. 환경문제 해결을 위한 뜨거운 열기가 이어져 신재생에너지 중 하나인 태양광 에너지로의 에너지원 전환이 현재 인류 사회에 긍정적인지 부정적인지에 대한 찬반 토론으로 이어지고 있다.

주제 1
태양광 발전은 친환경적인가

교사 — 자, 주목! 토론이 조금 과열되는 것 같네요. 잠시 5분 동안 태양광 에너지의 사용에 대한 의견을 정리하는 시간을 갖고 이어서 토론을 진행할게요.

학생들 — 네.

〈5분 뒤〉

교사 — 네. 좋아요. 찬성, 반대 의견을 정리했나요? 토론을 시작하기 전에 유의사항을 안내할게요. 토론의 큰 주제는 알다시피 태양광 에너지의 사용이에요. 이를 환경, 기술, 경제적 측면의 작은 주제로 나누어 토론을 할 건데, 각 소주제에 따라 주장 발표하기, 질의응답을 하고 최종 주장 다지기 순으로 진행할게요. 자신의 의견과 다르다고 무시하거나 과격하게 의견을 표현하지 말고 서로 존중하는 태도를 가지고 토론에 임해 주세요. 또 상대를 설득하기 위해 객관적인 근거 자료를 준비해야 한다는 것 알고 있죠?

학생들 — 네, 알겠습니다. 선생님.

교사 — 그럼 토론을 시작할게요. 태양광 발전이 친환경적이라고 생각하는 팀부터 주장을 발표해 주세요.

한덕이 — 21세기 인류 사회는 과거 산업혁명 등의 발전을 통해 기술이 발전하여 편리한 삶을 영위하고 있습니다. 그러나 이제는 기술 발전의 긍정적인 면만 볼 것이 아니라 부정적인 면에 관심을 가져야 할 때입니다. 공장을 가동하고 개인이 전자기기와 같은 기계를 작동하는 데 필요한 에너지를 얻는 과정에서 환경오염이 발생하고 기후 변화, 생태계 파괴 등 인류의 터전인 지구가 훼손되고 있습니다.

환경부 수도권대기환경청의 대기오염 물질 배출량 산정 결과에 따르면 연소를 통해 동력이나 전기에너지를 얻는 과정에서 배출되는 대기오염 물질이 전체의 50%에 달할 정도로 상당 부분을 차지하고 있습니다.

이제 우리 사회는 전통적인 에너지 발전원에서 신재생 에너지로의 전환이 필요합니다. 그중 특히 오염물질의 배출이 없고 자원이 무한한 태양광 에너지를 적극 도입해야 합니다.

최송이 —— 네, 잘 들었습니다. 태양광 에너지가 기존의 에너지 발전이 일으키는 환경문제의 대안책이 될 수 있다고 주장하셨는데요. 기존 에너지로 인해 생긴 환경 파괴는 무엇이 있습니까?

한덕이 —— 우선 화력 발전의 경우 발전 과정에서 황산화물, 질소산화물, 미세먼지와 같은 대기오염 물질을 대량 배출하며, 발전소의 냉각수로 사용된 후 바다에 배출되는 온배수는 청정해역의 해양 생태계를 훼손하고 수산자원을 감소시킵니다.

수력 발전은 수몰에 의한 지형 변화, 고습도 환경 조성으로 인해 기후 변화 등 생태계 파괴의 문제가 있습니다. 또 원자력 발전은 체르노빌과 후쿠시마의 예처럼 누출되었을 때 토양과 생명체에 치명적인 방사능 피폭을 일으킵니다.

반면, 태양광 에너지는 무한하고, 누구나 활용할 수 있어 잠재력이 크며, 소음이 적고 기존 발전원의 환경 파괴를 줄입니다.

최송이 —— 환경을 보존해야 한다는 의견에는 동의합니다. 그러나 주장하신 대로 태양광 발전이 환경 친화적 발전원이라는 것에는 동의할 수가 없네요. 아시다시피 태양광 발전은 태양전지판을 설치하고 태양 빛을 활용하여 전기에너지를 얻는 발전 방식입니다. 그런데 태양전지판은 어디에 설치할까요?

현재 우리나라 태양광 발전은 대부분 산등성이의 초목을 제거한 땅 위에 설립되었습니다. 환경을 보존하기 위해 개발된 에너지 발전 방식이 조망권 침해, 야생동물의 서식지 파괴, 장마 때 홍수 피해 등 새로운 환경문제를 야기하고 있는 것입니다.

기존 발전원의 전력량을 전부 태양광 발전으로 대체한다고 가정하면 약 3,300km²의 땅이 필요합니다. 이는 축구장의 45만 배, 우리나라 전체 면적의 3.3%에 해당하는 면적으로 막대한 양의 산림을 훼손할 것입니다. 이런 발전 방식을 어떻게 친환경적 발전 방식이라 부를 수 있겠습니까?

한덕이 — 현재 태양광 발전 설비의 기술적 한계로 인해 많은 부지가 필요한 것이지, 기술이 발전하면서 점차 필요한 부지의 면적이 줄어 우려하는 상황은 오지 않을 것이라 생각합니다.

최송이 — 점차 나아질 것이라 낙관하며 태양광 발전소를 설립한다면 결국 앞서 말씀드린 환경문제가 발생할 것입니다. 지역 주민과 동식물은 피해를 입을 것이고 파괴된 환경을 복원하는 데 필요한 비용을 생각하면 방금 말씀하신 내용은 상당히 무책임한 발언 같습니다.

교사 — 네, 잘 들었습니다. 토론이 뜨겁게 달아올랐네요. 찬성 학생은 기존 발전원의 환경오염 문제에 대한 대안으로 태양광 에너지의 도입을, 반대 학생은 태양광 발전소의 설치가 새로운 환경문제를 야기할 것이라는 주장을 펼쳤습니다. 그럼 이제는 주제를 바꾸어서 태양광 에너지의 효율에 대해 토론하겠습니다.

태양광 발전은 효율적인가

최창영 — 태양광 발전은 기존의 발전원에 비해 에너지 효율이 비효율적입니다. 아직 개발의 완성도가 낮은 상태입니다. 태양광 에너지가 효율적인 데다 친환경적이기까지 하면 당연히 그 수를 늘려야겠지만 지금 당장은 에너지 효율이 너무 낮아 에너지 부족 문제를 일으킬 수 있습니다.

안재란 — 우선 태양광 발전의 효율에 대해 얘기하겠습니다. 태양전지판의 발전량은 그 태양전지판이 발전시킨 전기의 양을 말합니다. 태양전지판의 발전량을 좌우하는 것은 태양광 발전 시스템 용량입니다. 용량은 태양전지 패널의 수가 많으면 많을수록 커집니다.

최창영 — 그렇다면 태양광 발전을 위해 많은 대지 면적이 필요하다는 것이니, 그 부분에 있어서도 비효율적이지 않습니까?

안재란 — 대지 면적만을 놓고 보면, 그렇게 생각할 수 있으나, 태양광 발전 설비를 꼭 대지에만 설치해야 하는 것은 아닙니다. 주택 지붕, 가로등 위의 유휴공간에 설치하거나 창문, 전기기구의 표면에 부착하여 전기를 생산하고 공급할 수도 있습니다.

최창영 — 단순히 아무 곳에나 설치할 수 있다고 효율의 문제가 개선될 것 같지 않습니다. 태양광 에너지에서 가장 중요한 것은 패널에 도착하는 일사량입니다. 일사량에 따라 전기 생산 효율이 달라집니다. 또 계절, 기온, 날씨에 따라서도 효율이 달라집니다. 이렇게 일관되지 않고 불안정한 수급은 문제를 일으킬 수 있다고 생각합니다.

태양광 발전은 여름이나 겨울보다는 봄에 발전시간이 많습니다. 여름은 온도가 높지만 장마의 영향이 있기 때문이고, 겨울은 눈이 내리고 일조량 자체가 적어 발전량이 적습니다. 여름, 겨울의 밤에 냉방, 난방 전력수요가 급증하는데, 이에 맞춰 가동이 어렵다는 의미입니다. 따라서 눈, 비 같은 기상악화에도 제 역할을 하지 못하는 것으로 분석됩니다. 국립환경과학원에서도 계절별 태양광 발전량은 봄>가을>여름>겨울 순인데, 전력수요는 여름과 겨울에 폭증한다고 하였습니다.

안재란 ── 네. 계절에 따른 발전량의 차이가 문제가 될 수 있겠군요. 기후 상황에 민감한 신재생에너지의 한계라고 생각합니다. 그러나 축전지와 같은 에너지 저장장치를 보완해 전력원으로 사용한다면 기상악화나 계절 문제가 해결될 것입니다.

주제 3
태양광 발전은 경제적인가

한태영 ── 태양광 발전 시설을 설치하는 데는 막대한 양의 토지가 필요합니다. 그러나 우리나라는 인구 밀집도가 높고 토지가 부족한 나라이지 않습니까? 태양광 발전을 할 땅이 부족하고, 그 땅을 마련하기 위해서는 막대한 양의 세금이 들어갈 것입니다.

교사 ── 태양광 발전은 땅이 필요하고 우리나라는 땅이 비싸니 비경제적이라는 의견이군요. 경제적이라고 생각하는 입장을 듣고 싶습니다. 이와 같습니까?

이명례 —— 현재 활발하게 태양광 발전을 주도하고 있는 기업 중 하나인 한화에서 발표된 내용을 인용하겠습니다. 우리나라가 2030년까지 목표로 하고 있는 태양광 발전시설의 용량은 30.8GW입니다. 이 목표치에 필요한 부지는 481km²입니다. 이는 가로 21km, 세로 21km 정사각형 면적에 해당하는 크기입니다. 이는 우리나라를 차지하고 있는 골프장 면적보다도 작은 값이기 때문에, 심각하게 경제 위험을 초래하지 않습니다.

한태영 —— 그래도 꽤 넓은 대지면적을 에너지 생산 시설로 사용해야 한다는 것에 부정적인 입장입니다.

이명례 —— 좋은 지적이십니다. 화력과 원자력 발전소는 발전소를 짓는데 거대한 부지가 필요합니다. 쪼개서 만들 수가 없기 때문이죠. 태양광 발전은 각 집이 발전시설이 될 수 있어 그 문제를 해결합니다. 집집마다 건물 옥상을 태양광 발전시설로 활용하였을 때의 전력량을 한국에너지공단은 약 600㎢로 추산하였는데, 이는 1GW 규모 원자력 발전소 7~8기와 같은 전력량을 만들어 낼 수 있는 양입니다. 따라서 옥상 면적을 활용하면 원자력 발전소보다 부지 효율성이 더 높다고 할 수 있죠. 또 건물뿐만 아니라, 전주시의 태양광 쓰레기통, 태양광 가로등, 성남시의 태양광 벤치 등 다양한 사물에 태양광을 부착하여 사용하는 지자체가 증가하고 있습니다.

한태영 —— 태양광 발전을 설치하는 데 꼭 비어 있는 토지가 아니어도

되는군요. 그렇지만 여전히 태양광은 다른 에너지 발전에 비해 비효율적인 발전량을 가지고 있지 않습니까? 여전히 발전 효율의 차이가 있어 태양광 발전소 용량 6GW가 원자력 발전소 1GW 규모와 비슷한 전력을 생산합니다.

이명례 —— 그 부분에 대해서는 개발의 성장성을 봐 주시기 바랍니다. 현재는 용량 대비 발전량이 다른 에너지 발전에 비해 떨어지지만, 많은 나라가 태양광 발전에 집중하는 이유는 경제성과 효율성 때문입니다. 국제신재생에너지기구에 따르면 태양광 에너지 발전 비용이 2010년에 비해 2017년에는 73%나 떨어졌습니다. 기술이 발전했기 때문입니다. 에너지 조사기관인 블룸버그뉴에너지파이낸스도 2030년 세계 대부분의 지역에서 태양광이 가장 경제적인 발전 기술이 될 것으로 예측하였습니다.

교사 —— 네, 잘 들었습니다. 현재는 개발 비용이 타 에너지 발전보다 비싸다는 의견과 기술이 매우 빠른 속도로 성장함에 따라 앞으로는 태양광 에너지 발전 비용이 다른 에너지 발전에 비해 훨씬 저렴해진다는 분석 결과를 들었습니다.

이명례 —— 네, 맞습니다. 하나만 더 말씀드리자면 원전이 아무리 안전하다고 할지라도, 사고가 발생하면 피해 규모와 정도가 다른 에너지원과 비교할 수 없이 막대하고, 그 비용 또한 발전 비용의 이득을 상회할 수 있습니다.

교사 —— 네, 알겠습니다.

주제
넓히기

꿈틀대는 태양광 발전 산업

▲ 우리나라는 미래의 에너지로 태양광을 선택했다.

우리나라는 미래의 에너지로 태양광을 선택했다. 에너지 경쟁력은 곧 국가 경쟁력이다. 그러나 한국에서 사용되는 태양광 모듈은 96%가 중국산 제품이다. 한국의 태양광 기업은 세계적 경쟁력을 보유하고 있지만 중국계 기업의 저가 공세에 어려움을 겪고 있다. 중국은 태양광 사업을 거의 공짜에 가까운 돈으로 시작할 수 있을 정도로 정부 차원의 전폭적인 지원을 하고 있다. 이런 상황에서 우리나라가 위기를 극복할 수 있는 방법은 무엇일까?

2020년 9월 유니스트의 연구진은 페로브스카이트 태양전지 논문을 발표했다. 역대 최고 효율을 기록했고 수분에 취약한 문제를 해결한 기술력을 인정받았다. 더욱이 기존의 태양광 모듈보다 최소 세 배 저렴하기 때문에 상용화된다면 가격 경쟁력에서 중국에 우위를 점할 수 있을 것이라는 전망이다. 과학기술에 대한 관심과 투자는 기술 경쟁력을 키우고, 우리나라를 에너지 강국으로 거듭나게 할 것이다.

태양광 에너지가 기존 에너지원을 대체할 수 있을까

1. 다음 태양광 에너지에 관한 토론 내용을 보고, 각 주장에 관한 근거를 정리해 적어 보세요.

태양광 에너지가 기존 에너지원을 대체할 수 있을까?

태양광 발전은
친환경적인가?

태양광 발전은 친환경적이다.
근거 :

태양광 발전은 친환경적이지 않다.
근거 :

태양광 발전의
효율적인가?

태양광 발전은 효율적이다.
근거 :

태양광 발전은 비효율적이다.
근거 :

태양광 발전은
경제적인가?

경제적이다.
근거 :

경제적이지 않다.
근거 :

2. 태양광 에너지에 대한 자신의 생각을 적어 보세요.

▲ **에드바르트 뭉크**(1863~1944년), **「태양 1」**, 1911~1916년. 눈부신 태양 빛이 대지를 뒤덮고 있는 모습에서 찬란한 태양의 생명력이 느껴진다. 이 모습을 보고 태양광 에너지가 생각나는 건 왜일까?

· 쟁점 6 ·

동물원

― 동물원은 꼭 필요한 것인가

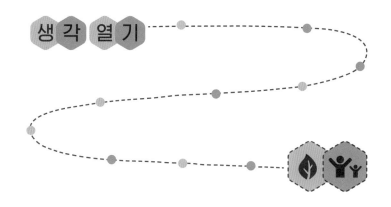

엄마 아빠 손을 잡고 동물원에 놀러간 경험은 누구에게나 한번쯤은 있을 것입니다. 책에서나 보던 여러 동물을 직접 눈으로 볼 수 있는 소중한 경험은 동물원에서만 할 수 있는 것이기에 동물원에 놀러 온 사람들은 행복함을 느끼지요. 그럼 입장을 바꾸어 볼까요?

▲ 동물원에 놀러 온 사람들은 행복함을 느낀다. 그런데 과연 구경 대상인 동물들도 행복함을 느낄까?

사람들의 구경 대상인 동물들도 과연 행복할까요? 이 질문에 대한 반응은 사람마다 다를 것입니다. 안전한 공간에서 지원을 받으며 살아가기에 행복하다고 생각할 수도 있고, 반대로 자연에서 살지 못하고 답답한 곳에서 살아가기에 행복하지 않다고 생각할 수도 있겠지요.

이제부터 소개할 두 동물 이야기를 살펴보면서 동물원 안에서 살아가는 동물들에 대해 생각해 볼까요? 두 동물 모두 동물원에서 생활하는 친구들입니다. 하지만 이 둘 앞에 붙은 수식은 전혀 다릅니다.

아무나 쉽게 만날 수 없는 자이언트 판다 '푸바오'
죽음으로 진정한 자유를 얻은 퓨마 '뽀롱이'

세계적인 멸종 위기종이자 귀여운 외모로 유명한 자이언트 판다가 우리나라에서 처음 태어났는데 그 주인공이 바로 '푸바오'입니다. 판다는 임신과 출산이 매우 어렵기에 '푸바오'는 태어나는 순간부터 동물 스타로 등극하였지요. '푸바오'가 살고 있는 환경은 판다가 자연 속에서 자라나는 생태 환경과 유사하게 조성된 특별한 공간이며 사전에 예약한 소규모 인원만이 볼 수 있다고 합니다. 이렇듯 이 아기 판다의 이야기를 놓고 보면 동물원의 존재 이유는 분명합니다.

반면, 인간의 실수로 동물원 우리를 탈출한 퓨마 '뽀롱이'는 사살되었습니다. 아메리카 대륙에 사는 퓨마는 시속 80km까지 달릴 수 있어 활동 범위가 매우 넓은 동물입니다. 하지만 '뽀롱이'는 좁은 동물원 우리 안에서만 평생을 살다가 밖을 나간 지 4시간 30분 만에 목숨을 잃었습니다. 당시 이 사건은 우리 사회에 동물원에 대한 부정적인 시선을 낳았습니다. 실제 동물

복지에 대한 관심이 늘어나면서 우리에게 친근함의 대명사였던 동물원에 대해 불편한 시선이 커져 가고 있는 것도 사실입니다.

이렇게 상반된 두 상황은 결국 사람들이 바라보는 동물원에 대한 다른 시선이기도 합니다. 동물원에서 살고 있는 동물들은 행복할까요? 똑같이 동물원에서 살지만 전혀 다른 삶을 산 '푸바오'와 '뽀롱이'. 이 두 사례를 통해 우리는 동물원에 대해 다시금 생각해 봐야 합니다. 그리고 이 질문은 나아가 '동물원은 꼭 필요한 것인가?'라는 근본적인 질문으로 연결됩니다. 이제 우리는 동물원이 있어야 할 이유를 다시 한 번 생각해 보며 동물원이 나아가야 할 미래의 모습을 그려볼까요?

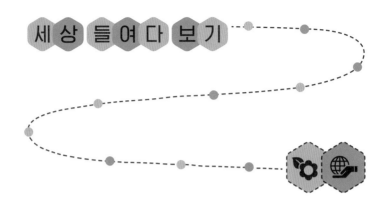

세 상 들 여 다 보 기

동물원은 언제 생겨난 것일까요? 야생동물을 포획하여 소유하는 넓은 의미에서의 동물원 역사는 고대로 거슬러 올라갑니다. 여러 문헌에 따르면 동서양을 막론하고 고대부터 귀족이나 왕이 정복지에서 구한 진귀한 야생동물을 자신의 소유로 만들었습니다.

고대 이집트 문명에서는 신기한 동물을 포획하여 기르는 동물원이 존재했고, 고대 중국에서는 진귀한 짐승을 가두어 길렀다고 합니다. 우리나라에서도 신라시대에 인공호수 동궁과 월지[1] 가운데의 섬에 진귀한 동물을 풀어 길렀다는 기록이 남아 있습니다. 이처럼 희귀한 동물을 가두고 구경하는 개념의 동물원 역사는 고대 이집트와 로마, 중세로 이어지면서 상당히 오래되었던 것이지요.

우리가 현재 사용하는 동물원이란 용어는 근대 이후에나 생겨난 개념입니다. 근대적 의미에서 동물원은 제국주의가 만

경상북도 경주시에 있는 남북국시대 통일신라의 별궁이 자리했던 궁궐터로, 신라의 태자가 머물렀던 곳이다.

연하던 시절, 부자들이 자신의 재산을 자랑하기 위해 탐험가들을 시켜 동물들을 잡아 전시한 것에서 시작되었습니다. 18세기에는 오스트리아와 프랑스 왕실이 왕권을 상징하는 동물원을 만들기도 하였습니다.

현존하는 세계에서 가장 오래된 동물원은 오스트리아 빈에 있는 쉰브룬 동물원입니다. 1752년 마리아 테레지아 황후의 남편인 로트링겐 공 프란츠 슈테판은 아프리카를 여행하며 수집한 동식물을 쉰브룬 궁전 작은 우리에 모아 두었습니다. 이렇게 쉰브룬 동물원은 처음에는 황실과 궁정의 관람을 위해 만들어졌지만, 1765년에 일반에 공개하면서 근대 동물원의 시초가 되었습니다.

지금처럼 사람들에게 교육과 오락의 기능을 동시에 가지고 있는 동물원이 나타나게 된 것은 1828년에 설립된 런던 동물원이 만들어지면서부터입니다. 19세기 중반이 되면서 유럽과 미국 등 대도시를 중심으로 세계 여러 곳에 동물원이 세워졌습니다. 이 당시 거의 대부분의 동물원은 동물을 연구하는 것보다는 대중에게 동물을 관람시키면서 상업적인 이득을 얻는 기능에 치중되었습니다.

이런 분위기 속에서 영국에서는 런던동물원학회가 만들어지면서 전문가들이 중심이 되어 과학적 연구를 목적으로 하는 동물원을 세우게 되었는데 그것이 바로 런던 동물원입니다. 이때부터 동물원은 사람들이 편안하게 쉬는 공간이며 동물을 연

▲ 런던 동물원

© George Scharf

구하는 공간이라는 인식이 만들어지게 된 것입니다.

하지만 19세기 동물학[2]에 대한 관심이 커지고 사람들이 즐길 만한 시설에 수요가 늘어나면서 이윤을 얻기 위한 다양한 형태의 동물 산업이 발전하게 되었습니다. 단순히 우리에 갇혀 있는 동물을 구경하는 것을 넘어 동물이 움직이는 동물 공연이 사람들 사이에서 선풍적인 인기를 끌게 되었습니다.

본격적으로 동물원이 동물 보호의 역할을 한 것은 20세기에 이르러서입니다. 이후 자연을 그대로 살린 사파리 형태의 동물원이 새로 생겼고, 동물원이 점점 멸종 위기종을 보존하고 생물의 다양성을 지키는 역할을 수행하게 되었습니다. 실제 우리나라 동물원들도 이러한 사회적 흐름을 따르려는 노력을 시작

생물학의 한 갈래인 동물학은 동물의 생태를 과학적으로 연구하는 학문이며, 동물의 신체 구조와 역할, 생활사 및 진화에 초점을 두고 연구하는 학문이다.

하였습니다. 개장 38년 만에 동물의 활동 공간을 2배 이상 넓히고 연못, 수풀 등을 정비하여 생태 동물원으로 거듭난 전주 동물원이 대표적입니다. 전주 동물원의 기존 곰사는 철창과 콘크리트로 지어진 옛날 동물원 건물이었습니다. 신축 곰사는 곰들이 흙을 밟고, 나무를 타고, 수영을 하며 지낼 수 있도록 동물 복지를 위해 지어졌습니다.

이렇게 동물원에 대한 새로운 변화가 시작되었음에도 불구하고 아직도 많은 동물원에서는 사람과 동물의 교감이라는 명목으로 동물의 삶을 고려하지 않은 동물 전시나 체험이 계속되고 있습니다.

동물원은 꼭
필요한 것인가

현재 국제 사회에서는 동물원의 불편한 현실이 드러나면서 동물의 삶과 동물원에 대해 많은 고민을 하고 있다. 나아가서는 동물원 존재 자체에 대해 부정적인 여론도 커지고 있다. 지난 2013년 코스타리카는 국내 동물원의 문을 모두 닫게 하겠다고 공식적으로 선언하였다. 생태 선진국으로 알려진 코스타리카가 동물원의 동물들을 야생으로 돌려보낸다는 원칙을 세우려고 한 것이다. 동물원 폐지는 성공하였을까? 동물원을 운영하는 민간 법인이 국가를 상대로 소송을 제기하였고 코스타리카 정부가 패소하면서 이 법인의 동물원 운영권은 2024년까지 다시 연장되었다.

동물원의 역사 대부분은 동물을 수집하고 전시하는 동물원의 형태였다. 동물을 생명이 아닌 도구로 취급한 동물원의 모습을 최근 들어서는 동물 본성을 최대한 존중하는 생태적 방향으로 바꾸려는 움직임이 일고 있다. 그렇다면 우리나라의 현실은 어떠한가? 동물을 수용하고 전시하는 동물원과 수족관은

100여 개에 이르고 소규모 체험동물원 및 이동 동물원까지 포함하면 200개가 넘는다. 그동안 동물의 학대와 열악한 사육환경에 관한 문제 제기 끝에 2016년, 이른바 「동물원 및 수족관의 관리에 관한 법률」도 제정되었지만 동물원의 문제를 해결하기에는 어려움이 많다.

이처럼 동물원을 부정적으로 보는 사람들은 근본적으로 동물원은 동물을 위한 것이 아니라 인간의 이기심에서 설립된 시설이라고 여긴다. 이들은 기본적으로 동물을 보호해야 하는 존재보다는 전시 대상으로 보는 공개적 사육 시설은 폐지되어야 한다고 주장한다. 반면, 동물원은 여전히 동물의 보호적 기능과 인간과의 조화로운 공존에 꼭 필요하다는 주장도 만만치 않다. 기존 동물원의 문제를 개선한다면 동물원의 순기능이 제대로 수행될 수 있을까? 아니면 동물원을 폐지하여 동물을 모두 자연으로 돌려보내는 것이 최선의 선택인가?

이러한 의문을 풀기 위해 공중파 KBC 방송의 '99분 토론'에서는 동물원에 대한 긍정적 입장과 부정적 입장을 가진 양측 대표를 초청하여 긴급 편성 토론을 열게 되었다.

사회자 — 안녕하세요. KBC 방송 '99분 토론'입니다. 오늘은 '동물원 꼭 필요한 것인가'에 대한 토론을 펼치도록 하겠습니다. 이에 대해 긍정적 입장을 가지신 대한종보전연구소 유지한 소장님과 부정적 입장을 가지신 한국동물보호단체 강경미 대표님을 모시고 토론을 진행하도록 하겠습니다. 먼저, 두 분의 입장을 들어 보도록 하겠습니다.

유지한 ─ 네, 반갑습니다. 우선 동물 전시 형태 위주의 동물원이 가지고 있는 문제점은 인정합니다. 그렇다고 해서 동물원이 가지고 있는 순기능을 모두 부정할 수는 없습니다. 동물원은 멸종 위기종을 보존하고 연구하는 차원에서 꼭 필요한 곳입니다. 야생에서 멸종 위기에 처한 동물이 늘어나면서 종의 다양성이 훼손되고 있는 현실에서 동물원의 역할은 그 무엇보다 중요합니다. 또 동물원은 인간과 동물의 교감을 만들어 내는 교육현장으로서도 그 가치가 큽니다. 자연이나 동물에 관심이 없었던 사람들도 동물원을 통해 동물과 교류하면서 교감을 얻을 수 있으니까요. 물론 동물원이 모든 면에서 바람직하다고는 할 수 없겠지만 동물을 안전하게 보호할 수 있는 가장 현실적인 방법이 동물원임은 부정할 수 없습니다.

강경미 ─ 좋은 말씀 감사합니다. 저는 그 무엇보다 동물 복지의 관점에서 동물원은 더 이상 필요 없다고 생각합니다. 동물원은 말 그대로 인간을 위해 만든 인위적인 공간임에는 틀림없습니다. 동물은 인간을 위해 희생시켜야 할 대상이 아닙니다. 아무리 잘 꾸며 놓은 환경이라 할지라도 자연환경을 따라갈 수 없고, 인위적인 공간에 사는 동물은 자연환경 속의 동물보다 행복할 수 없습니다. 동물원의 열악한 사육 환경이나 근친 교배 등으로 동물원의 동물은 점점 행복할 권리를 빼앗기고 있습니다. 야생에서 살아야 할 동물을 인공적인 공간에서 생활하게 하는 것은 넓은 의미에서 동물 학대라고 생각합니다.

주제 1

동물원은 왜 존재할까

사회자 — 토론 초반부터 두 분의 의견이 팽팽하게 맞서는군요. 유 소장님께서는 동물원이 결국 동물을 보호할 수 있는 현실적인 방법이라고 말씀해 주셨는데 강 대표님은 그 반대의 입장이군요. 상반된 두 의견을 듣다 보니 자연스럽게 동물원의 존재 이유와도 연결되는 것 같습니다. 그래서 토론의 첫 주제로 동물원이 왜 존재하는지에 대해 다뤘으면 합니다. 먼저, 유 소장님께서 말씀해 주시기 바랍니다.

유지한 — 저는 동물원이 존재하는 가장 중요한 이유가 멸종 위기에 처한 동물을 보호하는 것이라고 생각합니다. 동물원 존재 자체를 부정하는 사람들이 이야기하는 것처럼 야생동물을 마음대로 포획해서 동물원으로 데려오는 것이 아닙니다. 생존의 어려움에 처한 동물을 포획하여 동물원이라는 안전한 곳에서 살게 함으로써 멸종 위기 동물의 생존과 번식을 돕는 것입니다. 실제로 멸종 위기종이었던 황금사자타마린은 동물원의 노력으로 개체수가 조금씩 증가하고 있습니다. 이처럼 기후 변화와 인구 증가로 인해 서식지가 줄어들어 많은 동물이 멸종 위기에 처한 상황 속에서 동물원은 생물다양성을 보전하는 기능을 수행하고 있다는 사실을 꼭 기억하였으면 좋겠습니다.

강경미 — 유 소장님 말씀 잘 들었습니다. 하지만 동물원은 이미 지나친 상업화로 인해 본래의 목적을 상실한 지 오래입니다. 많은 동물원의 동물들은 동물원을 유지하는 데 필요한 돈을 벌기 위한 수단으로 이용되고 있습니다. 현재 우리나라의 동물원 대부분은 여러 동물을 동시에 가두는 백화점식 전시 동물원의 형태를 띠고 있습니다. 생물다양성을 보전하는 기능을 가진다는 동물원에 맹금류[3]를 전시하거나 우리나라 기후에 맞지 않는 북극곰을 전시하는 것 자체가 모순이라고 봅니다. 동물을 보호하기 위해서라면 관람을 주 목적으로 하는 동물원은 아니라는 것입니다. 동물원은 동물의 생태나 본성을 무시한 채 세워진 인간을 위한 장소일 뿐입니다.

유지한 — 하지만 동물원의 체험 방식이나 전시 방법도 달라지고 있습니다. 미국의 샌프란시스코 동물원은 살아 있는 거북이가 아닌 죽은 거북이의 등껍질을, 양의 경우에는 양털을 만지게 하고 있습니다. 또 스위스에서 가장 큰 규모를 자랑하는 바젤 동물원 내에 있는 어린이 동물원에서는 아이들이 동물을 마음대로 만지고 쫓아다니는 것이 아니라 관리자의 도움하에 동물을 돌보는 일을 합니다. 이를 통해 동물에 대한 교감과 존중을 배우게 되는 것이지요.

강경미 — 체험이나 전시 방식이 달라졌다고 해서 동물을 가두고 전시하는 동물원의 본질이 바뀌는 것은 아니라고 생각합니다. 그리고 이런 변화를 시도하는 동물원은 일부에 지나지 않는다는 것도 문제입니다. 게다가 동물을 직접 만질 수 있는 체험형 동물원이나 고객이 원하는 장소로 데려가 보여 주는 이동식 동물원이 급증하고 있

날카로운 부리와 발톱을 갖고 있는 육식성 새를 뜻하며, 일정한 거리에서나 비행 중에 음식을 찾기 위한 날카로운 시력과 먹이를 붙잡거나 죽이기 위한 발톱이 있는 튼튼한 발, 살을 찢기 위한 굽은 부리를 갖추고 있다.

는 추세입니다. 심지어는 파충류에서부터 라쿤까지 야생동물 카페도 우후죽순으로 늘어나고 있는 것이 현실입니다. 이처럼 동물원은 동물의 기본적인 권리를 무시한 채 인간의 욕구를 충족시켜 주는 공간에 불과합니다.

주제 2
동물원 환경은 동물들이 살기에 적합할까

사회자 ── 두 분 말씀 감사합니다. 동물원은 다양한 종 번식을 위해 꼭 필요하다는 유 소장님의 의견과 동물원은 동물을 고려하지 않은 인간을 위한 공간일 뿐이라는 강 대표님의 의견이 첨예하게 대립하였습니다. 토론의 첫 주제였던 동물원의 존재 이유에 대한 상반되는 의견은 결국 동물원 환경의 질과 관계 있을 것 같은데요. 이쯤에서 바로 두 번째 토론 주제인 동물원 환경은 동물들이 살기에 적합한지에 대한 토론으로 넘어가 보겠습니다. 이번에도 유 소장님 먼저 말씀해 주시겠습니까?

유지한 ── 동물의 자유를 최대한 보장하며 그들이 가진 본능을 잃지 않도록 동물원의 환경을 만든다면 위험요소가 많은 야생보다 오히려 낫다고 생각합니다. 물론 야생동물에게 가장 좋은 환경은 자신이 살던 야생이라는 것은 당연한 사실입니다. 하지만 야생동물들의 서식지가 파괴되고 있는 현 상황에서 동물원의 동물들을 무조건 야생으로 보내는 것은 무책임하다고 봅니다. 실제 자연에 방사된 반달

곰이 고속도로에서 교통사고를 당하거나 올무에 걸려 죽는 사건도 빈번히 발생하였습니다. 이처럼 여러 조건이 바뀐 야생이 동물들에게 안전하다는 보장도 없고 새로운 야생 환경에 적응해야 하기에 동물들을 야생으로 보내는 것이 절대적으로 좋은 방법은 아닐 수 있습니다.

강경미 ── 우리나라에서 살았던 마지막 북극곰 통키의 이야기로 시작하겠습니다. 통키는 1995년 경남 마산의 동물원에서 태어나 1997년에 에버랜드로 삶의 터전을 옮겼고 24세 고령의 나이로 죽음을 맞이하였습니다. 이렇게 놓고 보면 통키의 삶에 특별한 문제가 없어 보이죠? 하지만 통키가 평생을 살았던 동물원 우리의 환경에 대해 알게 되면 통키가 불행한 삶을 살았다는 것을 알 수 있습니다. 통키는 평생을 콘크리트 바닥에서 30도가 넘는 온도와 높은 습도를 견디며 살아야 했습니다. 30도가 넘는 여름날, 물이 없는 시멘트 바닥에 코를 대고 비틀거리며 걷던 통키의 모습은 당시 사람들에게 큰 충격을 주었습니다. 이러한 동물원의 상황이 비단 통키에게만 해당되는 것은 아닙니다. 동물원에서 쉽게 볼 수 있는 코끼리는 열대 지방에서 살아야 하는 동물입니다. 우리나라와 같은 온대 지방의 동물원에서 지내게 되면 코끼리는 추운 겨울 동안 실내 전시관에서만 지내게 됩니다. 야생에서 하루 중 대부분의 시간을 걸어 다니는 코끼리가 충분한 운동을 하지 못하면 무거운 몸무게 때문에 발에 여러 질병이 생기게 됩니다. 이렇듯 동물원은 결코 동물들에게 적합한 환경을 제공할 수 없습니다. 물론 동물복지를 위해 새롭게 환경을 조성한다고는 하지만 그 어떤 인위적인 환경도 자연의 상태와 같을 수는 없습니다.

유지한 —— 강 대표님의 의견에 대해 저는 동의하지 않습니다. 최근에는 동물들의 공간, 서식지, 야생적인 활동을 위해 동물원의 환경이 변화하고 있습니다. 프랑스에 있는 파리 동물원은 쇠창살로 만든 우리는 거의 찾아보기 어렵고, 동물이 살았던 서식지와 최대한 비슷한 환경을 제공하고 있습니다. 또 흥미로운 점은 이 동물원에서는 코끼리와 곰처럼 활동 영역이 넓은 동물은 볼 수 없다는 것이죠. 이처럼 동물원은 사라져 가는 야생동물들의 서식지를 대신하여 동물들이 살아갈 수 있는 최소한의 안전한 보금자리 역할을 합니다.

강경미 —— 유 소장님의 의견에서 모순되는 점이 있습니다. 동물원의 환경을 생태와 가장 비슷하게 만들기 위해 오히려 자연을 파괴하고 있다는 점입니다. 이는 동물원의 동물들이 최종적으로 돌아가야 할 야생의 공간을 해치고 있다는 뜻이기도 합니다. 유 소장님이 앞서 소개해 주셨던 스위스의 바젤 동물원은 해양생물 보전에 앞장서겠다며 거대 실내 수족관 조성을 준비하였습니다. 하지만 수족관의 환경을 조성하기 위해 물고기를 들여오는 과정에서 많은 산호초가 파괴될 가능성이 있다는 이유로 수족관 건설은 취소되었습니다. 동물원은 야생동물이 자연에서 살아갈 준비가 될 때까지 관리해 주는 곳일 뿐이며, 야생동물이 돌아가야 할 곳은 결국 자연이라는 점을 명심해야 합니다.

주제 3
동물원의 동물들은 과연 행복할까

사회자 — 이 주제 역시 결론을 내리기 쉽지 않을 것 같습니다. 생존의 위협을 받지 않고 최소한의 안전한 공간인 동물원에서 사는 동물과 생존의 위협은 있으나 본능에 충실하며 자연에서 사는 동물 중 누가 더 행복할까요? 이 답을 찾기 위해 마지막 주제를 다루도록 하겠습니다. 우리 인간은 동물의 생존과 행복 중 무엇을 더 소중하게 생각해야 할까요? 이번에는 강 대표님의 의견부터 들어 보도록 하겠습니다.

강경미 — 혹시 동물원 우리 안에 있는 동물들이 같은 장소를 계속 왔다 갔다 하는 모습을 보신 적 있나요? 이처럼 틀에 박힌 행동을 반복적으로 하는 것을 정형행동이라고 합니다. 대부분 좁은 우리 안에 갇혀 사는 동물들에게 나타나는 증상으로 스트레스가 그 원인이지요. 한 연구 조사에 따르면 동물원은 야생동물에게 꼭 필요한 공간을 제공할 수 없습니다. 실제 호랑이는 원래 살았던 곳보다 약 1만 8,000배, 북극곰은 약 1백만 배 좁은 공간에서 살고 있습니다. 동물원은 야생동물들에게 위협으로부터 보호하여 생존할 수 있는 기회를 주었는지 모르겠지만 동물로서 누려야 할 기본적인 행복을 빼앗고 있습니다.

유지한 — 강 대표님의 말씀을 들으면 동물원이 동물의 행복을 생각하지 않고 오직 생존을 위한 기본적인 환경만 제공한다는 것처럼 들립니다. 최근에는 동물원의 동물들에게 야생에서의 행동을 할 수 있도록 해 주고 있습니다. 네덜란드의 아른헴 뷔르거 동물원에서는 아시아코끼리들이 사육사가 나무에 매달아 놓은 먹이를 먹게 하고, 독일 라이프치히 동물원에서는 표범이 먹이를 먹기 위해 뛰어오르게 하고 있습니다. 이처럼 동물원에서도 동물이 직접 먹이를 사냥하거나 사육사들이 숨겨 놓은 먹이를 찾아먹도록 하는 야생성 회복 프로그램을 진행함으로써 동물들의 행복에도 관심을 기울이고 있습니다.

강경미 ── 동물도 사람처럼 기본적인 생존과 더불어 기본적인 복지를 누릴 수 있어야 합니다. 돌고래, 침팬지, 오랑우탄 같은 동물들은 자아의식이 강하고 무리 생활을 하는 동물이기에 동물원에 가두었을 때 정신적으로나 육체적으로 문제가 많이 발생합니다. 여러분이 즐겨 보는 수족관 속 돌고래는 평생 질병에 시달리고 우울증을 앓아 늘 위장약을 달고 산다고 합니다. 과연 이러한 동물의 불행한 삶이 생존이라는 이름 앞에 무시되어야 하는 걸까요? 아직도 인간이 동물보다 우월하다는 시대착오적인 생각으로 동물을 바라보지는 않는지 반성해야 합니다.

마무리 발언

사회자 ── 좋은 의견 감사합니다. 두 분의 의견을 듣다 보니 섣부르게 동물원을 유지해야 할지 폐쇄해야 할지 정하는 것은 무리라는 생각이 듭니다. 이번 토론을 통해 우리가 몰랐던 동물원에 대한 양면의 날을 알게 되었고, 동물원이 나아가야 할 방향에 대해 고민해 보는 계기가 되었습니다. 이제 시간이 다 되었으니 양측에서 짧게 마무리 발언 부탁드립니다.

유지한 — 네, 다시 한번 말씀드리지만 동물원은 꼭 필요하다고 생각합니다. 물론 강 대표님 말씀대로 동물의 복지 차원에서 일부 동물원이 해결해야 할 문제도 있습니다. 하지만 멸종 위기종을 체계적으로 연구하고 그들이 살았던 본래 환경에 맞게 보호하는 동물원으로 나아간다면 지구상에서 동물원은 꼭 필요하다고 봅니다.

강경미 — 동물원은 더 이상 인간의 즐거움을 위한 곳이 아니어야 하며, 나아가 동물들의 기본적인 행복도 보장되어야 합니다. 그러기 위해서는 동물원과 동물을 바라보는 사람들의 생각도 바뀌어야 합니다. 야생동물이 언젠가 돌아가야 할 곳은 자연이라는 사실을 잊지 말아야 할 것입니다.

사회자 — 오늘 열띤 토론을 해 주신 두 분께 박수를 보내고 싶습니다. 이상으로 오늘 토론을 마치겠습니다.

교과서 토론 | 환경

삶은 말하지 못하는 생명체들에게도 소중한 것이다. 사람이 행복을 원하고 고통을 두려워하며 생명을 원하는 것처럼, 그들 역시 그러하다.
— 달라이 라마 14세

세계동물보건기구^{OIE}에 따르면, 동물복지란 동물이 건강하고 안락하며 좋은 영양 및 안전한 상황에서 본래의 습성을 표현할 수 있고, 고통, 두려움, 괴롭힘 등의 나쁜 상태를 겪지 않는 것을 뜻합니다. 이러한 정의는 동물의 5대 자유를 바탕으로 하고 있습니다.

최근에는 동물과 사람이 행복한 하나의 복지라는 개념으로 보는 '원웰페어^{One Welfare}'가 대두되고 있습니다. 동물과 인간의 복지를 분리하지 않고 하나로 연결시켜 생각합니다. 결국 동물이 저마다 가지고 있는 습성과 생태를 고려한 사육환경이 건강한 가축의 축산물로 이어지게 되는 것이지요.

동물의 5대 자유

배고픔과 갈증, 영양 불량으로부터의 자유	동물에게 영양가 있는 음식과 신선한 물 제공
불안과 스트레스로부터의 자유	정신적 고통을 피할 수 있는 환경 조성
정상적 행동을 표현할 자유	충분한 공간과 풍부한 환경 제공
통증, 상해, 질병으로부터의 자유	질병에 걸리지 않도록 예방 및 진단, 치료 제공
불편함으로부터의 자유	동물에게 안락한 쉼터 마련

동물원은 꼭 필요한 것인가

1. 다음 동물원에 관한 토론 내용을 보고, 각 주장에 관한 근거를 정리해 적어 보세요.

동물원은 꼭 필요한 것인가?

동물원은 왜 존재할까?	동물원은 멸종 위기에 처한 동물을 보호하기 위해서 존재한다. 근거 :	동물원은 동물의 기본적인 권리를 무시한 채 인간의 욕구를 충족시켜 주는 공간이다. 근거 :
동물원 환경은 동물들이 살기에 적합할까?	동물이 가진 본능을 잃지 않도록 동물원의 환경을 만든다면 위험요소가 많은 야생보다 오히려 낫다. 근거 :	동물원은 결코 동물들에게 적합한 환경을 제공할 수 없다. 근거 :
동물원의 동물들은 과연 행복할까?	생존의 위협을 받지 않고 최소한의 안전한 공간에서 사는 동물원의 동물은 행복하다. 근거 :	기본적인 복지를 누리지 못하는 동물원의 동물은 행복하지 않다. 근거 :

2. 동물원에 관한 본인의 입장을 적어 보세요.

▲ **물 없는 해양수족관 — 내셔널 지오그래픽 인카운터**(national geographic encounter). 2017년 뉴욕 타임스퀘어에 물과 물고기가 없는 해양 수족관이 문을 열었다. 동물의 희생 없이 디지털 신기술로 완벽 구현된 이 해양 수족관은 동물원 문제를 해결할 수 있는 대안 중 하나가 될 수 있지 않을까?

· 쟁점 7 ·

살균제와 살충제

— 살균제, 살충제! 인류에게 어떤 물질일까

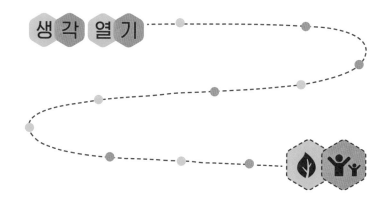

코로나19로 인하여 남녀노소 누구나 방역과 소독이 일상 속의 생활 습관이 되었습니다. 오랜 세월 동안 인류는 눈에 보이지 않는 바이러스와 세균, 심지어 벌레까지도 인류에게 이롭지 않다고 생각되면 그것들을 인위적으로 제거하기 위해 노력했습니다. 그러나 이런 노력이 커다란 부메랑이 되어 서서히 인류의 삶에 고통을 주고 있습니다. 대표적인 살충제인 DDT,[1] 다이옥신, 농약, 유해한 화학물질 등이 우리의 삶을 위협하고 있다고 해도 과언이 아닙니다. 사회적으로 큰 이슈가 된 가습기 살균제, DDT 계란, 모유 속의 다이옥신 검출과 같이 아직도 이 문제는 진행 중이고, 해결되지 않은 사건들도 많습니다.

대표적인 사건으로 '가습기 살균제 참사'가 있습니다. 1994년 천연 성분을 함유하고, 세계 최초라고 광고하며 엄청나게 판매되었던 '가습기 살균제'가 등장하였습니다. 그러나 2011년 가습기 살균제를 넣고 사용법 안내에 따라 가습기를 사용했던 소

유기염소 계열의 살충제이자 농약으로, 염소를 한 개씩 달고 있는 벤젠 고리 두 개와 세 개의 염소가 결합한 형태의 유기 염소 화합물이다.

▲ 잡초 등을 제거하고, 기타 해가 될 수 있는 방해물을 제거해 주는 데 필수적인 농약은 수년 이상 환경에 잔류하여 토양, 물 또는 먹이에 누적된다.

비자들 중에 폐가 딱딱하게 굳어지는 폐섬유증으로 사망하는 경우가 있다는 사실이 밝혀졌습니다. 2019년 7월까지 환경부에 6,476명의 소비자가 피해 사실을 신고했고, 1,421명이 사망한 것으로 확인되었습니다.

또 다른 예로 아름다운 국립공원에서도 비슷한 상황이 나타나고 있습니다. 국립공원에 가면 과일 껍질을 버리지 말라는 표지판을 간혹 볼 수 있습니다. 한때 과일 껍질은 거름이었습니다. 풀숲에 던져 놓으면 벌레와 곤충들이 달려들어 분해하고 곧 흙으로 되돌아가서 논밭의 거름이 되는 퇴비처럼 과일 껍질도 자연의 영양분이 될 수 있습니다. 그러나 요즘 과일은 다릅니다. 농약이 묻어 있기 때문입니다. 살균제와 살충제뿐 아니라 농작물의 수확 시기를 조절하는 생장조정제, 과일 표면에 반짝 반짝 윤이 나도록 하는 코팅제 같은 다양한 농약이 사용됩니다. 과일 껍질에 묻어 있는 아주 적은 농약은 사람이 먹어서는 금방 탈이 나지 않습니다. 하지만 새와 곤충은 이로 인해 목숨을 잃을 수도 있습니다. 무엇보다 농약 사용의 목적은 농업 생산성을 높이기 위하여 해충, 병원체, 잡초 등을 제거하고, 기타 해가 될 수 있는 방해물을 제거해 주는 것입니다. 그러나 분해가 쉽게 안 되는 농약들은 수년 이상 환경에 잔류하므로 토양, 물 또는 먹이에 위험 수준까지 누적되어 오고 있습니다.

농약 중에 살충제인 유기염소계 살충제는 분자 내에 하나 이상의 염소화된 카르복실 고리를 가지고 있으며 화학적 안정성이 상당히 높고 물에 대한 용해도가 낮습니다. 또 대기오염을 유발하며 중간 정도의 독성을 가지고 있습니다. 인간에 대해 안정적이나 환경 중에 오래 남아 있어서 해를 줄 수 있고 신경독성을 가지고 있습니다. 유기인계 살충제는 현재 사용 중인 농약 중에서 가장 많은 종류에 속합니다. 독성이 강한 약제가 많으며 지속성이 적어서 많은 양을 필요로 합니다. 그렇다면 살균제, 살충제, 농약 등의 화학물질을 어떻게 사용해야 할까요?

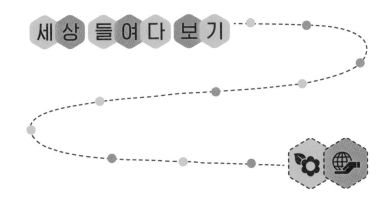

세상 들여다 보기

  살균제와 살충제의 사전적인 의미는 다음과 같습니다. 살균
제는 생활 환경에서 세균(박테리아)이나 곰팡이와 같은 미생물을
죽이거나 증식을 억제하는 생활 화학제품 또는 농작물의 생장
을 저해하는 미생물을 방제하는 목적으로 사용하는 농약을 말
합니다. 세균과 곰팡이를 비롯한 미생물은 고약한 냄새와 독성
물질을 분비해서 생활 환경을 악화시키고, 사람이나 동물 또는
농작물에 질병을 일으키기도 합니다. 살균제는 미생물의 세포
벽을 파괴하거나 체내의 대사 과정을 치명적으로 방해하는 역
할을 합니다.

  한편, 살충제는 사람이나 가축, 농작물에 해가 되는 곤충이
나 벌레를 죽이는 약제로 파리, 모기를 죽이는 가정용 살충제와
생명체에 기생하는 알과 애벌레를 죽이는 산란제 및 구충제를
포함합니다. 한때 가장 많이 사용했던 살충제로는 DDT가 있지
만 그 유해성 때문에 1960년대 이후 사용이 제한되었고, 대부

분의 다른 살충제 또한 독성을 가지고 있어 천연 살충제가 개발되고 있습니다.

그렇다면 우리나라에서 최근에 발생한 가장 대표적인 살균제 피해 사례를 구체적으로 살펴보도록 하겠습니다. 가습기 살균제의 대표적인 원료물질인 CMIT와 MIT는 치약에서도 일부 사용되었던 것으로 밝혀졌습니다. 이 물질은 1960년대 말에 미국 롬앤하스R&H 회사가 최초로 개발한 물질로 국내에서는 SK케미칼(선경제약)이 1991년 CMIT와 MIT 제조방법을 개발하여 특허를 출원하면서 관련 제품을 생산 및 판매하게 되었습니다. 2002년부터 2011년까지 165만여 개 이상이 팔렸지만 해외에서는 CMIT와 MIT의 유독성과 관련한 다수의 연구, 실험이 진행되었습니다. 이 물질을 최초 개발한 미국 롬앤하스 회사가 이미 호흡 독성을 경고했으며, 1991년 미국 환경보호청은 이 물질을 2등급 흡입독성물질로 지정했습니다. 1998년 환경보호청에서 발표된 보고서에 따르면 중장기간 노출 시 비염을 일으키고, 피부 및 호흡기 자극성을 보이는 독성이 강한 유독물입니다.

우리나라 정부도 2011년 가습기 살균제 참사로 문제가 불거지자 두 차례에 걸쳐 CMIT와 MIT의 독성 실험을 진행하였습니다. 2011년에 수행한 세포독성실험 결과 세포 손상을 일으킬 수 있는 물질이라는 것이 확인되었습니다. 2015년 실험에서도 CMIT와 MIT가 높은 농도에서 폐에 염증성 손상을 일으키는 것으로 확인되었습니다. 환경부는 이 연구 실험을 근거로 2012년 두 물질을 유독물로 지정하였죠. 또 다른 가습기 살균제 성분인 PHMG, PGH도 유독물로 지정하였습니다. PHMG와 PGH는 유독물 지정과 함께 2015년 4월 사용 금지 조치를 내렸지만, CMIT와 MIT는 사용 금지를 하지 않고 있습니다. 덴마크의 경우 한국의 가습기 살균제 참사 이후 이 성분들의 사용을 금지하고, 농약용도 모두 회수 조치한 것으로 알려져 있습니다. 그러나 가습기 살균제 참사가 일어난 우리나라는 유독물 지정도 지체가 되었습니다.

현재 한국과 유럽에서는 의약외품 및 화장품 중 씻어 내는 제품에 한하여 15ppm으로 희석하여 사용이 가능하고(한국의 경우 치약은 제외), 일본에서는 구강에 사용하는 제품을 제외한 씻어 내는 제품에 0.1%로 희석하여 사용이 가능합니다. 특히 미국과 유럽 등에서는 치약 보존제로 사용할 수 있지만 국내에서는 치약 보존제로서의 사용이 금지되어 있습니다.

살균제, 살충제! 인류에게 어떤 물질일까

주제 펼치기

우리에게 편리함을 안겨 준 화학물질이 인류에게 치명적인 독이 될 수 있다. 앞으로 우리는 어떤 선택과 고민을 해야 할까?

우선, 기억 속에 사라졌던 살충제인 DDT가 왜 갑작스레 나타나게 되었고 인류에게 어떤 존재인지를 생각해 보아야 할 것이다.

주제 1
인류가 만든 살충제 안전할까

사회자 — 안녕하십니까? 화학물질은 우리가 상상할 수 없을 정도로 우리의 일상생활 속에서 활용되고 있습니다. 그래서 더욱더 엄격한 관리 속에서 잘 사용이 되어야 할 것 같은데요. 화학 분야의 전문가이신 한케미 교수님과 자연을 사랑하고 환경보호 운동을 몸소 실천하시는 환경단체의 김초록 위원님의 의견을 들어 보도록 하겠습니다. 먼저, 한 교수님부터 발언 부탁드립니다.

한케미 —— 현재의 과학기술은 최첨단이며, 이런 과학기술이 발전하게 된 것은 기초과학 덕분입니다. 물리, 화학, 생물, 지구과학 등 자연과학 분야의 역할이 크다고 볼 수 있으며 특히 화학은 인류에게 큰 선물과도 같습니다. 가난, 질병, 바이러스를 퇴치하기 위해서 신물질의 개발, 합성, 분석 등은 화학의 기본이지요. 그러나 이런 화학물질이 인류의 생명을 점점 위협해 온다는 것이 안타까운 현실입니다. 저 또한 일상에서 많은 화학물질을 사용하고 있습니다. 저는 아침마다 화장실에서 양치를 하고, 머리를 감을 때 샴푸를 사용하는데요. 늘 사용하는 치약과 샴푸에는 많은 화학물질이 들어 있습니다. 특히 치약의 성분에는 연마제, 불소, 감미료, 향료, 보존제 등이 있는데요. 연마제는 치아에 붙은 프라그와 이물질을 떼어 냅니다. 매일 같이 이런 물질들을 사용한다면 나중에 어떻게 될까 하는 의구심이 들기도 합니다.

김초록 —— 혹시 레이첼 카슨의 『침묵의 봄』을 읽어 보셨는지요? 농약같은 화학물질이 생태계에 위협을 준다는 경각심을 일깨우는 내용인데요. 구체적으로 살펴보면, 미국에서 일어난 실제 사건으로 새가 마비된 채 몸을 떨면서 죽어 가고, 얼룩다람쥐가 고통을 느끼면서 죽어 가는 상황이 나와 있습니다. 그럼 동물들이 집단으로 죽은 원인은 무엇이었을까요? 북미 지역에서 1970년 이후 30억 개의 조류가 사라졌습니다. 왜 사라졌을까요? 이 책에서는 바로 살충제 때문이라고 합니다. 인간이 해충을 죽이기 위해 사용한 살충제로 인하여 벌레를 먹는 새는 굶어 죽고요. 그리고 먹이사슬을 따라 살충제가 치명적으로 축적되기도 합니다. 가장 대표적인 살충제로 DDT가 있습니다. 1874년 처음 합성된 DDT는 그 효과를 잘 몰랐지만, 1939년 과학자 뮐러가 강력한 살충 효과가 있다는 것을 밝혀냈습니다. 뮐러는 이 공적으로 인하여 1948년에 노벨 생리의학상을 받았습니다. 처음 실용화될 때는 무해한 것으로 알려졌기 때문에 싼 가격에 대량생산할 수 있었던 DDT가 급속히 보급되었죠. 이가 옮기는 티푸스나 모기가 옮기는 말라리아를 퇴치하는 데 매우 효과적이었기 때문에 1940년대부터 살충제로 널리 사용되었습니다.

한케미 — 네, 맞습니다. 저도 어릴 때의 기억을 떠올리자면 우리나라에서 DDT는 전염병을 옮기는 모기, 이, 파리, 빈대, 좀 등을 죽이기 위해 이롭게 사용이 되었습니다. 그래서 몸에 직접 뿌리기도 했었지요. 하지만 우리 몸에 1ppm만 축적이 되어도 좋지 않습니다. 『침묵의 봄』에 나온 내용처럼 풀밭에 7ppm을 살포하면 이것을 먹고 자란 젖소에게 나온 우유가 3ppm이고, 이를 가공하여 만든 버터는 무려 65ppm이나 된다고 합니다. DDT가 몸에 들어오면 신장, 갑상선, 생식기에 축적이 됩니다. 신경계 이상이 생기고 암으로도 발전한다고 하는군요. 이런 물질들은 오랜 세월이 지난 후 나타나기도 하기에 원인을 찾기 어렵고, 치료와 대처에도 늦을 수 있으며, 이미 사망에 이르기도 합니다.

사회자 — 저도 어릴 때 추억이 떠오르는군요. 방역차량인데요. 지금도 방역차가 있지만, 열심히 방역차 뒤를 따라갔었던 경험이 있습니다. 그때 사용되는 화학물질이 인체에 해롭고, 지속적으로 직접 사용할 경우 치명적일 거라는 생각을 못했습니다.

한케미 —— 방역에 사용된 대표적인 물질은 사이퍼메트린, 에토펜프록
스, 페니트로티온, 델타메트린입니다. 장시간 노출 시 신경계질환
을 일으키는 발암물질입니다. 해방 전후와 한국전쟁 당시에 촬영된
영상을 보면 미군이 한국인들 몸에 직접 DDT를 살포하는 모습을
종종 볼 수 있습니다.

김초록 —— 미국뿐만 아니라 우리나라에서도 2017년에 DDT에 대한 미
스터리한 사건이 있었지요. 경북 경산시와 영천시의 계란, 닭, 농
장 토양 등에서 DDT가 검출된 사실이 알려지면서 많은 시민이 어
리둥절했지요. 왜냐하면 DDT는 1979년에 시판이 금지되었기 때문
입니다. 심지어 닭이나 토양에서 검출된 농도를 보면 1970년대 이
전에 사용했던 DDT가 남아 있다고 하기에는 지나치게 높았지요.
닭에서 검출된 DDT는 최고 0.453ppm, 영천 농장의 닭에서는 최
고 0.41ppm으로 잔류 허용 기준치 0.3ppm을 초과했기 때문입니
다. 그러나 농장주들은 DDT를 사용한 적이 없었다고 합니다. 그럼
DDT가 어디서 왔을까요? 자연에서 DDT가 10분의 1로 줄어드는
데는 50년이 걸린다는 보고도 있습니다.

한케미 —— 제가 이 사례와 관련하여 좀 더 부연 설명을 드리자면, 디코
폴이라는 물질을 주목할 필요가 있는데요. DDT를 원료로 사용하
여 디코폴을 제조하는 과정에서 남아 있는 DDT를 제거하지 않으면
DDT가 불순물 형태로 남아 있게 된다고 합니다. 즉, 살충제 제조업
체 쪽에서는 불순물인 DDT가 포함된 디코폴을 제조하기 위해 살충

능력을 갖고 있는 DDT를 굳이 비용을 들여 제거할 이유가 없다는 것이죠. 디코폴은 2010년 12월 등록이 취소될 때까지 중국에서 수입해 사용했고, 이로 인해 국내 토양이 DDT로 오염됐을 가능성이 있다는 게 전문가들의 주장입니다. DDT는 당연히 곤충이나 동물에게도 해롭지만, 사람에게는 암을 일으킬 수도 있는 것으로 알려졌습니다. 세계보건기구WHO 산하 국제암연구소IARC는 2015년 DDT를 그룹 2A 발암물질(사람에게 암 발생 우려 있음)로 분류했습니다.

김초록 ── 과거에는 DDT가 페니실린[2]만큼 기적적인 의약품이라고 생각했습니다. DDT가 없었다면, 수백만의 시민과 군인은 전쟁 기간이나 그 이후 발진티푸스, 말라리아로 죽었을 것입니다. 그러나 이것의 사용을 반대하는 환경운동가의 주장에 따르면 DDT는 해충뿐만 아니라 익충도 죽이고, 땅속에서 쉽게 분해되지 않으며, 체내에 쌓이게 됩니다. 새들의 알껍데기가 얇아지고, 새부리가 기형으로 나타나기도 합니다. 즉, 먹이사슬을 통해 농도가 축적이 된다는 것입니다. 곤충 또한 살충제에 내성이 생겨나기 시작해서 더욱 강력한 살충제를 사용해야 하는 딜레마에 빠져들게 됩니다.

사회자 ── 두 분의 말씀 잘 들었습니다. 그럼 이 살충제의 대안은 무엇일까요? 단순히 사용 금지를 해야 할까요? 아프리카의 많은 국가의 국민들이 말라리아로 죽어 가고 있습니다. 그래서 1990년대에 국제 보건 전문가들 가운데는 말라리아 피해가 극심한 개발도상국에서는 DDT 사용을 허용하자는 의견이 나왔고, 약간씩 다시 사용하고 있습니다. 그래서 환경호르몬을 규제하는 스톡홀름협약에서도 규

페니실린은 최초의 항생제로 세균에 의한 감염을 치료하는 약물이다. 연쇄구균, 임균, 수막염균 등에 작용하여 편도염, 수막염, 임질, 중이염 등을 치료한다.

제 대상 물질인 DDT를 전면 금지하지 못하고 있지요.

한케미 —— 대안이 될지는 모르겠지만 중학생들과 소규모 프로젝트활동으로 '과일 껍질 속의 살충제 성분 농약 제거 방법'에 관한 탐구를 하게 되었는데요. 첫 번째 과제로 토양에 버려진 사과 껍질 속 농약의 자연분해에 관한 탐구활동에서 일정 조건만 갖춰지면 시판되는 사과 껍질 속 살충제는 매우 안정적으로 1주일 이상 존재함을 알 수 있었습니다. 전문연구기관에 IR기기분석을 의뢰한 결과 7일 후에도 카벤다짐[3]과 피라클로스트로빈 같은 농약 성분이 그대로 존재함을 알 수 있었고, 실생활 속의 물질인 식초나 베이킹파우더로도 과일 껍질에 남아 있는 일부 농약을 제거할 수 있었습니다.

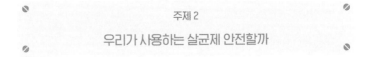

주제 2

우리가 사용하는 살균제 안전할까

사회자 —— 살충제와 더불어 살균제에 대한 얘기를 안 할 수가 없군요. 살균제도 다양한 화학물질이 있고, 여러 생활용품에 사용되는데요. 대표적으로 가습기 살균제 사건에 대해 얘기해 보려고 합니다.

한케미 —— 예, 안타깝고 가슴 아픈 사건이죠. 최근에 가습기 살균제 판결에 관한 기사를 보았는데요. 무엇보다도 법원의 다음 판결에서는 CMIT와 MIT 물질을 연구한 전문가들의 과학적인 의견이 적극 반영되어야 한다고 생각합니다.

사회자 —— 먼저, 환경단체에서 수집한 가습기 살균제에 대한 피해 사례

사과, 딸기 등에 사용하는 살충제로 저독성 물질이지만 암을 유발할 수 있는 가능성이 있는 약품이며, 우리나라의 카벤다짐 잔류 허용 기준은 1.0ppm 이하로 규정한다. 한편, EU는 0.2ppm 이하로 관리하고 있다. 피라클로스트로빈의 잔류 허용 기준은 0.2ppm이다. 우리나라도 선진국처럼 엄격한 허용 기준치를 적용할 필요가 있다.

를 살펴보도록 하겠습니다.

김초록 —— 대한민국의 어두운 민낯이 드러났다고 봅니다. 우선, 피해자와 가족 분들, 그로 인한 고통 속에서 돌아가신 분들께 위로를 표합니다. 무엇보다 기업체는 소비자에게 화학물질의 위험성을 고지할 의무가 있습니다. 또 정부의 규제 및 감독 소홀 속에서 이 유해한 독성화학물질이 친환경물질로 둔갑했었던 것 같습니다. 기업의 도덕성, 철저한 윤리의식이 필요하며, 이 사건에 대한 피해자들의 구제 차원에서 징벌적 손해보상제도 도입도 필요합니다. 언론에서도 이미 많이 나왔지만, 가습기 살균제 참사의 개요는 2011년 5월부터 정체불명의 폐질환 환자가 많이 생겼고, 환경부에서 원인조사 결과 가습기 살균제를 지목했습니다. 장기적으로 살균제에 노출되면 폐섬유화가 진행되고, 심각한 폐질환으로 사망에 이를 수 있습니다.

사회자 —— 그럼 소비자들은 이런 가습기 살균제를 왜 사용했어야 할까요?

한케미 —— 겨울철처럼 실내활동이 많고, 실내가 건조하다 보면 호흡기 질환이 생길 우려가 있는데요. 실내의 적당한 습도를 유지하기 위해 가습기를 사용하고, 호흡기 질환을 예방하거나 치료하는 데도 가습기가 도움이 될 수 있습니다. 인위적으로 습도를 조절하기 위해 사용하는 거죠. 그러나 가습기를 사용하다 보면, 특히 가습기 물통을 자주 세척하지 않으면 적당한 온도, 습도 조건에서 대량의 세균이 번식할 수 있고요. 또 오염된 가습기는 주변 공기를 오염시키고 인체에 해로울 수 있지요. 그래서 살균제의 필요성을 느끼게 됩니다.

사회자 — 그렇다면 가습기 살균제에 대한 좀 더 구체적인 피해 상황을 말씀해 주실 수 있나요?

김초록 — 2006년 일선 현장의 소아과 의사들이 직접 나서서 동료 의사들 간에 연락을 통해 전국적으로 동일한 폐질환 환자들이 발생한다는 것을 알게 되었지요. 심지어 논문 사례 발표로 이 사실이 알려졌지만, 사람들은 제한된 경우로 생각하고, 폐질환 원인 규명에 대한 심각성을 깨닫지 못했습니다. 그리고 5년 후인 2011년 서울아산병원에 원인 미상의 폐질환 증상을 호소하는 임산부 환자가 다수 입원하고, 전국 각지에서 이런 환자들이 속출하게 됩니다. 산모들이 잇달아 비슷한 증상으로 입원하고 사망하는 사건이 발생한 거죠. 검사 결과 세균이나 바이러스가 아닌 다른 원인에 의한 폐질환이라고 추측을 하게 됩니다. 2011년 4월 25일 서둘러 충북 오송에 있는 질병관리본부에 역학조사를 요청하였고, 본격적인 역학조사가 시작되었습니다.

사회자 — 산모들의 폐질환의 원인이 가습기 살균제라는 것을 어떻게 알아낼 수 있었나요?

한케미 — 질본에서 진행한 역학조사의 공통점이 모두 20~30대 여성이며, 겨울이 끝날 무렵이나 2~3월에 발생해 서서히 진행되다가 급격히 악화되었다는 것입니다. 그리고 대조군을 비교해 본 결과 가습기 살균제가 유력했고, 동물 실험 결과 가습기 살균제가 신종 폐질환과 유사한 증상을 일으키는 것이 확인되면서 가습기 살균제가 가장 유력한 원인으로 꼽히게 되었습니다.

사회자 ── 두 분 말씀처럼 가습기 살균제 사건은 인재라고 볼 수도 있군요. 기업이 구체적이고 적극적으로 유해 물질에 대한 실험을 통해 안정성을 확보하고 판매했어야 하며, 소비자에게 유해성에 대해서도 알릴 의무가 있다고 생각합니다. 그리고 관리주체인 정부와 환경부 등 행정기관도 철저하게 감독을 했어야 합니다. 검찰 수사 과정에서 2012년 해당 교수의 개인 계좌로 연구 용역비가 아닌 정체 불명의 수천만 원이 회사측으로부터 입금된 사실이 확인되었습니다. 검찰은 업체가 대학교 연구팀에 실험을 의뢰하면서 독성이 낮게 나오도록 해 달라고 부탁했다는 관련자 진술도 확보했다고 합니다.

김초록 ── 문제의 업체가 대학교에 연구 용역을 맡김과 함께 연구 용역비를 건넸고, 해당 교수에게는 추가로 상당한 금액을 송금하고 연구 결과를 조작해 달라는 의뢰를 했으며, 교수는 이에 따른 것이라고 의혹이 구체화되었습니다.

사회자 ── 지금까지 언론, 검찰에서 밝혀진 가습기 살균제 참사사건에 대해 얘기를 나누었습니다. 대책에 대해 마무리 발언 부탁드립니다.

한케미 ── 2016년 정부가 가습기 살균제와 같은 피해 재발 방지를 막고자 살생물제 전수조사 등 살생물제 전반에 대한 관리 체계를 도입하기로 했습니다. 환경부는 "가습기 살균제 같은 사고 재발을 막기 위한 근본적인 대책으로 살생물제 전반에 대한 관리 체계를 도입해 사각지대를 없애는 방안을 검토하겠다"고 밝혔습니다. 더불어 살생물

제품 허가제를 도입하고, 생활화학제품 관리대상 품목을 확대하며, 사용되는 원료물질 위해성 평가와 안전 기준, 표시 기준 등도 강화하기로 했습니다.

김초록 ── 당연히 먼저 나왔어야 할 대책이 너무 늦게 나온 것 같아 안타깝습니다. 선진국처럼 규제와 범위를 구체화시켜 나타내고 홍보할 필요가 있습니다. 인체유해성이 높은 화학물질은 즉각 퇴출시켜야 한다고 생각합니다. 무엇보다 유해한 살균제에 대한 철저한 관리가 필요하겠지요. 국내에서 사용되는 일회용 기저귀, 로션, 물티슈, 아이스크림, 과자 속에 있는 유해한 화학물질은 정부의 관리감독과 통제가 꼭 필요합니다.

주제 3
살충제와 살균제의 대안은 무엇일까

사회자 ── 살충제와 살균제의 대표적인 사건에 대해 살펴보았는데요. 그렇다면 살충제와 살균제의 대안은 무엇일까요?

한케미 ── 화학물질이 무조건 사용을 금지하고, 두려워할 존재는 아니라고 생각합니다. 살충제와 살균제는 인류의 삶을 윤택하게 만들었으며, 인류의 질병과 가난을 퇴치하는 데 큰 도움을 준 물질이기도 합니다. 병해충으로부터 극복하여 농업의 생산량을 증대시켜 식량난을 해소하고, 질병이나 바이러스를 매개하는 벌레들을 퇴치하기도 합니다. 하지만 살균제와 살충제의 사용에 대한 통제와 관리, 감시가 필요하다는 것을 강조하고 싶습니다. 인간이 개발했지만 개발, 살포는 인간의 손에 달렸고, 인류와 환경, 자연을 생각한다면 선개발이 아니라 시간이 걸리더라도 친환경적이고 안전한 물질을 찾는 것이 먼저입니다.

사회자 — 위원님이 생각하시는 또 다른 대안이 있을까요?

김초록 자연 방제를 추천하고 싶습니다. 즉, 화학약품 대신 천적을 활용하는 것입니다. 화학방제의 역설적인 결과는 곤충이나 벌레가 화학 살충제에 내성이 생겨서 더욱 강력해진다는 것입니다. 화학방제의 큰 단점이며, 먹이사슬을 따라 인류에 위협이 됩니다. 그래서 몇 가지 대표적인 자연방제를 소개하자면, 오리 농법은 오리가 논의 잡초를 제거하여 벼가 잘 자랄 수 있게 해 주고, 오리의 배설물은 자연 비료가 됩니다. 지렁이 농법은 지렁이의 배설물을 자연 비료로 활용하고, 지렁이가 다닌 길은 공기의 통로가 되어 작물이 잘 자랄 수 있게 해 줍니다. 그 외에도 참게 농법, 우렁이 농법, 천적을 활용한 농법 등이 필요하다고 생각합니다.

사회자 — 우리의 삶 속에 이미 자리 잡은 살충제와 살균제에 대해서는 기업이 어떤 대안을 마련해야 할까요?

김초록 기업이 이런 물질의 위험을 알고도 소비자에게 알리지 않은 것은 기업의 이윤 때문이겠죠? 과학기술이 급속도로 발전하면서 환경에 대한 생각과 기업의 윤리의식이 뒤처진 듯합니다. 이것과는 별개일 수도 있지만 분명 산업현장에서도 위험한 화학물질에 노출된 분들이 많고 암이 발생하여 사망하신 분도 있습니다. 기업이 좀 더 투명해질 필요가 있습니다. 그러나 실제로 기업은 은폐하거나 사실을 왜곡하여 기업의 이미지가 실추되거나 손해가 발생되지 않도록 하는 경향이 있습니다. 우리나라의 통계를 살펴보면 직업성 암 인정 비율이 선진국에 비해 현저하게 낮다는 것을 알 수 있습니다. 실제로 숨어 있는 직업성 암환자들이 더 많다는 것입니다. 국가가 감독하고 관리를 철저히 해야 합니다.

사회자 ── 네, 두 분 말씀 감사합니다. 살충제와 살균제는 인류의 삶에 매우 큰 유용함이 있지만 독이 될 수도 있으므로 신중하게 사용해야 할 것 같습니다. 이것으로 오늘 토론 마치겠습니다.

주제 넓히기

멸균과 소독

흔히 멸균과 소독을 합쳐서 '살균'이라 표현하는데, 목적은 미생물에 물리적 또는 화학적 자극을 가해 단시간 내에 멸살시키는 것으로 같지만, 멸균은 완전 무균 상태로 만드는 것이고, 소독은 거의 무균 상태에 이르도록 하는 것이다. 그렇다고 해서 무작정 모든 세균이 나쁜 것은 아니다. 병원균이나 부패균 등 인간이 원치 않는 세균을 제거해 감염을 예방하거나 식품을 보존하기 위해 살균을 실행하기도 한다.

1) 물리적인 살균법

가. 화염 멸균법: 물체를 직접 불꽃에 접촉시켜 미생물을 태워서 없애는 방법

나. 자비 멸균법: 가장 간편하고 널리 사용되는 방법으로, 100℃ 끓는 물에 30분간 물체를 넣어 살균하는 방법

다. 고압증기 멸균법: 일종의 고압솥 등의 기계를 이용하여 2기압 121℃에서 15분 정도 물체를 넣고 살균하는 방법

라. 건열 멸균법: 건조 오븐을 이용하여 165℃에서 2시간 또는 175℃에서 1시간 멸균하는 방법

마. 저온 살균법: 파스퇴르에 의해 고안된 방법으로, 60℃ 정도에서 30분 또는 75℃에서 15분 가열하여 영양과 맛을 유지하면서 소독하는 방법

바. 방사선 살균법: 구내식당의 물컵 보관기처럼 자외선이나 감마선을 쪼여서 살균하는 방법

사. 여과 멸균법: 화학물질을 이용한 멸균이 불가능한 경우 사용하는 방법

2) 화학적인 살균법

가. 액체 소독법: 70% 농도의 소독용 알코올, 과산화수소, 락스 등의 액체 형태 화학물질을 사용하는 방법

나. 기체 소독법: 브로민화 메틸과 같은 화학물질을 기화시켜 토양의 미생물을 소독하는 방법

다. 효소계 소독법: 효소가 세균의 세포벽과 세포막을 터지게 해서 살균하는 방법

라. 항생제 사용법: 인체에는 독성이 적고 세균만 선택해서 죽이는 약품을 사용하는 방법

마무리
하기

살균제, 살충제!
인류에게 어떤 물질일까

1. 살충제와 살균제에 관한 토론 내용을 통해 대안에 대해 고민하고, 정리해 봅시다.

	살충제	살균제
필요성		
지속적으로 사용 시 문제점		
대안		

2. 살균제와 살충제에 관한 본인의 입장을 적어 보세요.

▲ **리처드 테넌트 쿠퍼**(1885~1957년), 「**죽음의 천사**」, 1912년. 죽음의 천사가 강에 치명적인 물질을 떨어뜨리는 모습에서 살충제를 뿌리는 현대인의 모습이 생각나는 건 왜일까.

· 쟁점 8 ·

층간소음

― 층간소음, 어떻게 해결해야 할까

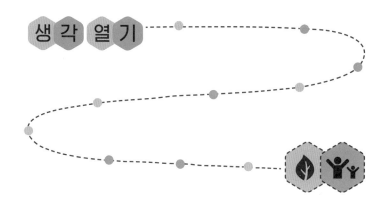

생각열기

'내 집이지만 남의 집 같은 느낌', 불면증, 이명[1]과 같은 질환으로 산 채로 죽어 가는 듯한 고통', '매일같이 일어나는 분노', '이웃을 원수로 생각하게 된다.' 이는 많은 층간소음 피해자가 호소하고 있는 내용입니다. 국민 10명 중 7명 이상이 아파트나

▲ 층간소음의 문제점은 앞으로 더 증가할 것이다.

다세대주택 등 공동주택[2]에 살고 있는 우리나라에서 층간소음이 환경문제를 넘어 사회적 문제가 된 지는 오래되었습니다. 오죽했으면 천장에 달아 윗집에 소음을 전달할 수 있는 스피커 모양의 복수 상품까지 등장했을 정도입니다. 그런데 이러한 층간소음의 문제점은 앞으로

외부의 소리가 없는데도 귓속 또는 머릿속에서 소리를 느끼는 현상을 말한다.

건축물의 벽, 복도, 계단이나 그 밖의 시설 등을 공동으로 사용하는 주택을 말한다. 아파트, 연립주택, 다세대주택 등이 있다.

더욱 증가할 것이라는 데 있습니다.

층간소음으로 인해 발생하는 다툼을 합리적으로 조정하기 위한 환경부의 '층간소음 이웃사이센터'에 접수된 민원 횟수를 살펴보면 시간이 지날수록 층간소음으로 인한 다툼이 증가함을 알 수 있습니다.

연도	2015년	2016년	2017년	2018년	2019년	2020년
건수	19,278	19,495	22,849	28,231	26,230	42,250

▲ 연도별 층간소음 민원 집계

출처: 국가소음정보시스템 '층간소음 이웃사이센터' 연도별 통계자료

제시된 표를 살펴보면 2015년에는 19,278건이던 민원이 2020년에는 42,250건으로 매우 증가한 사실을 알 수 있습니다. 특히 코로나19로 인해 실내생활이 많았던 2020년도에는 2015년에 비해서는 2배 이상, 전년도인 2019년에 비해서는 62%나 급증한 사실을 알 수 있습니다.

그렇다면 층간소음의 원인은 무엇일까요? 층간소음 이웃사이센터에 접수된 민원을 원인별로 살펴보면 아이들이 뛰는 소리 또는 발걸음 소리가 69.2%로 가장 큰 비중을 차지하고 있습니다. 하지만 망치질, 가구, 문소리, 악기소리, 가전제품 등 우리가 일상적인 생활을 하면서 필연적으로 발생할 수밖에 없는 생활소음[3]에서도 다툼이 유발된다는 것을 알 수 있습니다.

3
일상생활 중에 자주 접하게 되는 주변의 소음을 말한다. 국가에서는 쾌적한 삶을 위해 법으로 생활소음규제기준을 정하고 있다.

교과서 토론 | 환경

원인별	건수	비율(%)
아이들 뛰는 소리 또는 발걸음 소리	33,143	69.2
망치질	2,019	4.2
가구(끌거나 찍는 행위)	1,669	3.5
가전제품(TV, 청소기, 세탁기)	1,590	3.3
진동(기계진동)	943	2.0
문 개폐	913	1.9
악기(피아노 등)	795	1.7
운동기구(러닝머신, 골프퍼팅 등)	394	0.8
대화(언쟁 등)	268	0.6
부엌 조리	164	0.3
기타(원인미상 및 기재하지 않음)	6,025	12.6
계	47,923	100.0

▲ 소음 원인별 층간소음 접수현황('19. 12. 31. 기준)

출처: 국가소음정보시스템 '층간소음 이웃사이센터' 연도별 통계자료

많은 사람은 층간소음 문제가 위층과 아래층 사이에서만 나타날 것이라 생각합니다. 하지만 층간소음 피해자의 주거위치별 통계를 보면 아래층(76.2%), 위층(16.4%), 옆집(1.4%) 등 다양하게 나타남을 알 수 있습니다. 또 우리가 알아야 할 것은 층간소음은 소리는 물론 이로 인해 발생하는 진동에 의한 피해를 호소하는 사람도 6%에 이른다는 것입니다. 따라서 층간소음은 단순히 소리만 뜻하지 않고 이로 인한 진동까지도 포함해야 할 것입니다.

세계적으로 최근 50년간 정치·경제·사회·문화적으로 가장

큰 발전과 변화를 이끈 나라를 꼽으라면 바로 대한민국입니다. 우리 주거 환경도 이러한 큰 변화 중 하나이지요. 불과 20~30년 전만 하더라도 단독주택에 살던 사람들이 현재는 대부분 아파트와 같은 공동주택에 살게 되었습니다. 단독주택은 소음이나 진동이 직접적으로 전달되지 않습니다. 하지만 공동주택은 천장이나 벽, 계단을 이웃과 함께 사용하기 때문에 소리나 진동이 잘 전달될 수밖에 없는 구조입니다. 따라서 단독주택 위주의 생활에서 공동주택 위주의 생활로 주거 문화가 바뀜에 따라 층간소음이라는 새로운 문제가 나타나고 있으며, 이로 인한 다양한 사건 사고가 급증하는 추세입니다.

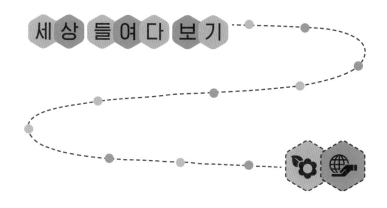

- "층간소음 못 참겠다" 손도끼로 윗집 문 부순 40대
- "결국엔 인간성 문제"… 층간소음 논란이 낳은 연예계 인성 재조명
- 피해자뿐인 층간소음
- "명절 연휴 살인 부르는 층간소음 이유 있었다"
- 층간소음 분쟁 중재 나선 지자체… 층간소음 제로 꾸러미 보급
- 이 갈등 어쩌나… 위층 층간소음에, 아래층 모기향 냄새로 보복

    층간소음과 관련된 사건에 대한 기사를 거의 매일 접할 수 있습니다. 최근에는 이름만 들어도 알 수 있는 유명 연예인들조차 층간소음으로 인한 이웃과의 갈등을 해결하지 못하고 언론에 크게 보도되기도 하였습니다. 층간소음 문제로 갈등을 빚던 윗집에 오물을 뿌리거나, 아래층에서 생선이나 담배 연기처럼 고약한 냄새를 피워 위층에 보복하는 사건도 있었습니다.

심지어는 이웃집에 불을 지르거나 살인까지 일어나기도 하였습니다. 물론 불을 지르거나 살인, 오물 테러 등 개인적인 보복은 어떤 경우든 정당화될 수 없는 범법 행위입니다. 그런데 이런 가해자들의 공통점은 며칠에서 길게는 몇 달, 심지어 몇 년 동안 들려오는 소음을 참다가 화가 나서 우발적으로 범행을 저지르게 되었다는 것입니다. 층간소음을 경험한 사람들은 '겪어 보지 못한 사람은 절대 이해하지 못할 것'이라며 '수면 방해, 대화 방해, 휴식 방해까지 안겨 줘 가정생활의 피폐함을 가져오고, 아동의 학습 저하, 가족 모두의 공격성 증대, 반대로 심한 우울증으로 인생을 살고 싶지 않은 좌절감까지 안겨 준다'며 고통을 호소합니다.

과연 층간소음 문제는 해결할 수 없는 문제일까요? 어떤 아파트에서는 입주자 대표회의 캠페인을 하기도 하고, 경상남도와 같은 자치단체에서는 층간소음을 줄이기 위한 물품을 시민들에게 나누어 주기도 하며 나눔과 배려를 통해 문제를 해결하고자 노력 중입니다.

그렇지만 층간소음 피해를 경험한 사람들은 이것은 극히 일부 사례일 뿐만 아니라 일시적인 것이라고 말합니다. 그렇기 때문에 층간소음 문제를 완전히 해결하기 위해 건물 짓는 방법, 층간소음을 발생시킨 사람 처벌 등 법과 제도적인 개선을 요구하고 있습니다. 하지만 층간소음을 판단하는 기준과 생각이 저마다 다르므로 근본적인 해결책이 될 수 없다고 주장하는 사람들도 있습니다.

또 하나는 우리나라 「헌법」에서 보장하는 기본권에 대한 생각 차이입니다. 즉, 「헌법」에서는 인간의 존엄과 가치 및 행복추구권과 자유권, 평등권, 참정권, 사회권, 청구권을 보장하고 있습니다. 그런데 행복추구권[4]과 자유권[5]에 대한 개인의 생각과 처한 위치가 다르기 때문에 층간소음 문제를 다룰 때 서로 반대되는 주장을 하게 됩니다. 층간소음 피해를 주장하는 사람은 가정에서 편히 쉴 수 있는 행복추구권을, 반대로 층간소음을 발생시킨 사람은 자신의 집에서 마음대로 행동할 수 있는 자유권 보장을 주장하는 것이죠.

이렇듯 층간소음은 새로운 환경문제이자 사회문제로 우리와 매우 가까이 있고 바로 내가 가해자이자 피해자가 될 수 있다는 것을 다시 한번 생각해 봐야 할 때입니다. 층간소음 문제를 합리적으로 해결할 수 있는 방법은 없을까요?

고통이 없고 쾌적한 환경 속에서 살 권리

직업, 종교 등 모든 생활 영역에서 자유롭게 활동할 수 있는 권리

층간소음,
어떻게 해결해야 할까

공동주택 층간소음으로 인한 갈등이 심각하다. 이미 오래전부터 층간소음으로 인한 갈등은 환경문제를 넘어 사회문제로 대두되기 시작했다. 층간소음은 주로 공동주택에서 나타나는 공해로 일상생활 중에 발생하는 것이기 때문에 쉽게 해결책을 찾기 어렵다. 층간소음 문제를 해결하기 위해 벽을 두껍게 공사하기, 벽이나 층 사이에 빈 공간 두기, 방지매트 설치하기 등 건축물을 지을 때부터 노력하고 있으나 공사비가 증가할 뿐만 아니라 진동으로 전달되는 소음의 특성 때문에 완벽하게 없애는 데는 역부족이다. 또 소음에 대한 개인의 판단 기준이 다르고 「헌법」에서 보장하는 자유권과 행복추구권에 대한 생각이 달라 법으로 해결하기도 매우 어렵다.

문제는 층간소음 분쟁을 해결하지 못한 사람들이 개인적 보복에 나서는 경우가 늘고 있다는 점이다. 온라인을 이용하여 '층간소음 복수 음악'을 만들어 달라는 요청도 있으며, '보복용 도구'도 판매되고 있다. 온라인 쇼핑몰에 '층간소음 스피커'를

교과서 토론 | 환경

검색하면 2,000건이 넘는 보복용 스피커가 검색될 정도이다.

하지만 공동주택에서 우리 집 바닥은 아랫집 천장이며, 우리 집 천장은 윗집 바닥이기 때문에 언제든 내가 층간소음의 피해자가 될 수도, 가해자가 될 수도 있다.

최근에는 층간소음 피해를 호소하는 사람이 자신의 집 천장(위층 바닥)에 스피커를 밀착 설치해 '소음'을 쏘고 악취를 올려 보내는 사건이 발생하였다. 위층 사람은 아래층의 보복에 의한 피해를 호소하는 고발을 하여 법정에서 잘잘못을 따지기에 이르렀다. 급기야 층간소음을 발생시킨 위층과 보복을 한 아래층을 지지하는 사람들의 격한 논쟁이 「헌법」에서 보장하는 권리인 개인의 자유권과 행복추구권으로까지 확대되면서 사회적 문제가 되었다. 이에 법원에서는 최대한 빠른 시일 내에 판결을 내리고자 하였다.

김판사 — 최근 사회적 문제로 떠오른 층간소음과 관련된 사건에 대한 재판이 있겠습니다. ○○아파트 A동 1703호의 층간소음과 1603호의 보복 행동에 대한 사건입니다. 이웃 간의 갈등이 원만하게 해결되지 않고 재판정까지 오게 됨을 유감으로 생각하며, 두 집 모두 피해를 호소하고 있기에 두 분의 입장을 들어 보도록 하겠습니다.

나보복(1603호) — 저희 집은 지난 1년 동안 윗집의 시끄러운 소리 때문에 잠도 제대로 잘 수 없었습니다. 밤뿐만 아니라 휴일에도 쿵쿵대고 어찌나 시끄러운지 하루하루 생활하는 것이 너무 힘들었습니다.

그동안 여러 차례 항의도 하고 사정도 하였지만 상황은 바뀌지 않았습니다. 저희 아들이 고등학교 3학년으로 공부에 집중해야 할 때인데 위층의 소음으로 인해 공부에 집중할 수 없다고 불평이 많습니다. 우리는 집에서 고통받지 않고 편히 쉴 수 있는 권리를 침해받았다고 생각합니다.

위소음(1703호) ─── 아파트와 같은 공동주택에서 층간소음은 어쩔 수 없는 문제라고 생각합니다. 우리 집에서 아이들이 걷고 뛰기도 하고, 연주하고, 필요하면 못도 박을 수 있는 것 아닌가요? 그동안 아래층의 항의도 있어서 나름대로 주의하였으나, 아래층이 너무 예민한 것 같습니다. 우리 집에서 내 마음대로 할 수 있는 권리가 있는 것 아닌가요? 그런데 며칠 전부터는 하루종일 바닥에서 들려오는 시끄러운 음악소리와 아래에서 올라오는 악취로 인해 머리가 아프고 속이 메스꺼울 정도입니다. 오히려 우리 집이 내는 소음보다 아래층에서 우리에게 주는 피해가 더 크다고 생각합니다.

주제1
층간소음! 자유권과 행복추구권, 무엇이 우선인가

김판사 ─── 두 분의 의견이 팽팽하군요. 층간소음에 있어서 나보복 씨는 집에서 편히 쉴 수 있는 행복추구권을 강조하고 있고, 위소음 씨는 자신의 집에서 마음대로 할 수 있는 자유권을 강조하는 것 같습니다. 행복추구권과 자유권 모두 「헌법」에서 보장하고 있는 권리입니다. 그런데 지금은 두 권리가 상충되고 있는 것 같습니다. 이럴 때는 어떻게 하는 것이 좋을까요? 이러한 입장이 정리될 때 층간소음 문제도 합리적으로 해결될 수 있을 것 같네요.

나보복 — 위소음 씨가 자신의 집에서 뛰고, 못을 박고 하는 것이 개인의 자유인 것처럼 제가 우리 집 천장에 스피커를 대고 트는 것, 냄새를 피워 윗집으로 보내는 것 또한 제 자유 아닌가요? 개인의 자유는 다른 사람에게 피해를 주지 않는 범위 내에서 주어져야 한다고 생각합니다. 위소음 씨는 개인의 자유라지만 그동안 우리 가족은 잠도 잘 자지 못했고, 집중하여 공부할 수도, 그리고 편히 쉴 수도 없었습니다. 따라서 저의 행복추구권이 더 중요하다고 생각합니다.

위소음 — 물론 개인의 자유는 다른 사람에게 피해를 주지 않는 범위 내에서 주어져야 한다고 생각합니다. 하지만 우리 집에서 뛰거나 악기를 연주하는 것이 무엇이 문제인가요? 나보복 씨 가족이 너무 예민하다고 생각합니다. 우리도 소음을 줄이기 위해 아이들에게 뛰지 않도록 주의도 주고, 가능하면 놀이터에 나가 놀도록 하였습니다. 하지만 비가 오거나 밤늦은 시간에는 아이들을 놀이터에 보낼 수가 없었습니다. 그래서 때로는 집에서 뛰놀게 할 수밖에 없었습니다. 저도 행복추구권이 매우 중요하다는 것을 알고 있습니다. 하지만 다른 사람의 행복추구를 위해 나의 자유권이 제한된다는 것은 인정할 수 없군요.

김판사 — 다시 한번 정리하도록 하겠습니다. 두 분께서 상대방이 가장 피해를 준 점과 앞으로 바라는 점이 있으면 말씀해 주세요.

위소음 — 물론 우리 아이들이 쿵쿵 뛰거나 밤늦게 악기를 연주한 점 사과드립니다. 하지만 아이들에게 뛰지 않도록 주의를 주고, 소음 방지 매트도 깔았으며, 악기도 가급적 낮 시간에 연주하도록 노력 하였습니다. 하지만 이러한 노력은 인정도 하지 않고 하루 종일 천 장에 스피커를 대고 음악을 틀거나 악취를 올려 보내는 행동은 이 해할 수 없습니다. 자신만의 쾌적한 삶을 위해 다른 사람의 자유를 침해하는 것이 타당한지 여쭙고 싶습니다. 그렇다면 공동주택이 아 닌 단독주택으로 이사할 것을 권해 드립니다.

나보복 — 위소음 씨께서 층간소음 방지를 위해 노력했다고 하지만, 항 의하면 그때뿐이었습니다. 며칠이 지나면 아무 일도 없었던 듯 똑 같은 일이 반복되어 우리 가족들은 불면증과 이명이 있을 정도입니 다. 물론 제가 한 행동이 모두 잘하였다는 것은 아닙니다. 하지만 저 는 우리 집에서 편히 쉴 행복추구권이 있다는 것을 다시 한번 강조 합니다.

김판사 — 두 분의 갈등이 오랜 시간 동안 있었던 것 같은데 직접 해결 하기 전에 다른 기관의 도움을 받은 적은 없나요? 그렇게 하였다면 이렇게 법정에까지 오지 않아도 되었을 것 같은데요.

나보복 — 관리사무소나 층간소음 이웃사이센터 사이트에 민원 제기 도 해 보았습니다. 하지만 관리사무소에서는 위층에서 주의하지 않 으면 할 수 있는 일이 없다고 하였습니다. 그리고 소음이라는 것이 정해진 시간에 발생하는 것이 아닙니다. 조사를 한다고 해도 그때 만 조용하면 아무 의미가 없기 때문입니다.

층간소음 갈등, 나는 가해자일까, 피해자일까

김판사 — 여전히 두 분의 주장이 한 치의 양보도 없이 치열하군요. 그러면 이 문제 해결을 위해 주제를 바꾸어 보도록 하겠습니다. 나보복 씨는 층간소음으로 인해 아래층(1503호)의 항의를 받은 적 없나요? 전혀 피해를 주지 않고 있다고 생각하나요? 그리고 위소음 씨는 위층(1803호) 때문에 피해를 입은 적 없나요? 소음이 있을 때 어떤 생각을 하였나요?

나보복 — 우리 집 아래층은 많이 생각하지 못했네요. 지금 생각해 보니 아래층도 우리 집 소음으로 인해 피해가 있을 것이라는 생각이 듭니다. 우리가 피해를 보고 있기 때문에 늘 조심하였지만 완벽하리라고는 생각하지 않습니다. 저희도 일상생활을 하다 보면 뛰기도 하고, 가구를 옮기기도 하기 때문에 아래층도 피해가 있었을 거라 생각하니 죄송한 마음이 드네요.

위소음 — 지난 일요일, 휴일이라서 늦잠을 자고 있는데 갑자기 '쿵' 하고 아이 뛰는 소리에 깜짝 놀랐던 일이 있었습니다. 한동안 계속 뛰어서 항의할까 생각했는데 나보복 씨 항의가 떠올라 참았던 일이 있었습니다. 그 일을 생각하니 1603호에 사시는 나보복 씨 가정의 피해도 이해가 되네요. 하지만 피해가 있다고 하여 개인적인 보복을 하는 일은 없어야 한다고 생각합니다.

김판사 — 층간소음, 과연 두 분은 가해자인가요? 피해자인가요?

위소음 ── 지금까지 이야기를 나누어 보니 제가 가해자이면서 피해자이기도 하다는 생각이 드네요. 제 자유를 생각하고 마음대로 행동했다면 아래층인 나보복 씨에게 피해를 주었지만, 저의 행복추구권을 생각하면 1803호의 피해자이기도 합니다.

나보복 ── 저도 같은 생각입니다. 저도 층간소음의 피해자이자 가해자이기도 하다는 것을 알았습니다. 거기에 위소음 씨 댁을 향해 스피커를 틀고 악취를 올려 보내 또 다른 피해를 준 것 같아 죄송한 마음이 듭니다.

주제 3
층간소음 갈등, 합리적으로 해결할 수는 없을까

김판사 ── 네, 두 분의 이야기를 잘 들어 보았습니다. '층간소음 이웃사이센터' 사이트 민원 통계에 따르면 층간소음 피해를 호소하는 경우가 위층에 의한 것만 있는 것이 아니라 아래층에 의한 비율도 15% 정도 됩니다. 공동주택에 사는 동안 층간소음 문제는 피해 갈 수 없을 것 같다는 생각이 드는데요. 하지만 층간소음이 있다고 하여 모든 사람이 두 분처럼 다툼이 있을까요?

위소음 ── 아닙니다. 모두 다툼이 있다면 우리 사회가 잘 돌아가지 않겠지요. 서로 이해하고 조금은 양보하면서 살아가는 경우가 많을 것이라 생각합니다. 하지만 층간소음 문제를 해결하기 위해 주민들의 노력도 필요하지만 법이나 제도적인 측면에서 보완도 필요하다고 생각합니다.

나보복 — 저도 그런 면에서는 동의합니다. 아파트를 건설할 때 바닥을 두껍게 하거나 소음을 줄일 수 있는 바닥재 사용 등을 법으로 정할 필요가 있다고 생각합니다. 물론 현재도 소음이나 진동에 대한 규정이 있지만 건설회사 측면에서는 공사비를 절약하기 위해 법정 기준에서 제시하는 최소만 맞추기 때문에 이에 대한 보완이 필요할 것 같습니다. 물론 법적 기준도 중요하지만 최소한 일상생활을 하면서 사람들이 살아가는 데 불편함이 없게 아파트를 만들어야 하는 것 아닐까요? 일부러 소음을 내기 위해 뛰어 다니는 사람은 없을 테니 말입니다.

김판사 — 충분히 일리 있는 말씀입니다. 한국환경공단 자료에 따르면 층간소음 문제를 준공 연도별로 살펴본 결과, 오래된 아파트일수록 피해를 호소하는 경우가 많지만 최근에 지어진 아파트일수록 줄어들고 있습니다. 이는 우리나라 법과 제도가 층간소음을 줄이는 방향으로 꾸준히 개선된 결과라 볼 수 있습니다. 하지만 모든 사람이 새로 지어진 아파트에서 살지 않으므로 이를 해결할 수 있는 방법은 없을까요? '위층엔 개미소리, 아래층엔 천둥소리!'라는 말을 들어 본 적 있나요? 무엇을 의미하고 있을까요? 층간소음 문제를 해결하기 위한 오늘 재판에 있어서 매우 중요한 이야기일 것 같습니다. 두 분 의견 말씀해 주세요.

나보복 — 아파트와 같은 공동주택에서 생활할 때 서로 지켜야 할 예절을 말하는 것 같네요. 우리 집에서는 조심하고 조용한 소리이지만 아래층에서는 큰 소음이 될 수 있다는 것 같네요. 그래서 집에서 행동할 때는 항상 주의해야 할 것 같습니다.

위소음 — 판사님 이야기를 들으니 나보복 씨 가족에게 무척 미안한 생각이 듭니다. 그동안 주의한다고 했지만 때로는 아무런 생각 없이 뛰기도 하고, 밤늦게 청소기나 세탁기를 사용했던 것 같네요. 아래층 사람들을 위해 항상 주의해야겠다는 생각을 하게 되었습니다.

나보복 — 물론 위층에서 주는 피해가 크지만 저도 다른 집의 위층에서 산다는 생각은 못했던 것 같네요. 위층에서 주는 피해만 생각하고 스스로 보복했던 것 매우 큰 잘못이라는 것을 깨달았습니다. 다시 한 번 위소음 씨께 죄송합니다. 그리고 저도 아래층에 피해를 주지 않도록 더욱 신경 써야 할 것 같네요.

위소음 — 사과해 주셔서 감사드립니다. 저도 너무 제 권리만 생각하고 주장한 것 같아 죄송하네요. 판사님 말씀처럼 우리 집 바닥이 아랫집 천장이라는 생각을 못했습니다. 저 또한 나보복 씨 가족 분들께 죄송합니다. 앞으로 늦은 시간에는 가전제품을 사용하지 않고 소음을 줄이기 위해 바닥 매트도 점검해 보겠습니다.

마무리 발언

김판사 — ○○아파트 A동 1703호의 층간소음과 1603호의 보복 행동 사건에 대한 재판입니다. 우리의 주거 환경이 단독주택에서 공동주택으로 바뀌면서 나타나는 문제와 관련된 사건으로 공동주택 생활을 하면서 이웃 간에 지켜야 할 예절에 대해 생각해 보도록 하는 재판이었습니다. 판결을 내리기 전 재판 과정 중 느꼈던 점을 말씀해 주시기 바랍니다.

위소음 — 공동주택에 살면서 이웃을 생각하지 않고 너무 우리 가족 중심적으로 행동한 것 같습니다. 또 다른 사람의 행복을 위해서는 제 자유도 어느 정도 제한될 수 있음을 깨달았습니다. 그동안 피해를 본 다른 가족들에게 죄송하며 원만한 판결이 이루어지길 바랍니다.

나보복 — 저 또한 보복 행동이 우리 가족만 생각한 것이었음을 알게 되었습니다. 그리고 아무리 큰 피해를 입었더라도 개인적인 보복은 절대 있어서는 안 되며, 큰 죄가 된다는 것을 알았습니다. 앞으로 이웃주민을 배려하는 생활을 하겠습니다.

김판사 — 두 분의 말씀 잘 들었습니다. 위소음 씨와 나보복 씨는 서로의 잘못을 인정하고 사과하였으므로 원만히 해결된 것으로 판단됩니다. 위소음 씨는 일정 시간 국가에서 정한 기준치 이상의 소음을 발생하여 나보복 씨 가정에 층간소음 피해를 주었습니다. 또 나보복 씨는 보복 소음과 악취를 발생시켜 위소음 씨 가정에 피해를 주었습니다. 즉, 두 분 모두 층간소음의 피해자이면서 가해자인 것입니다. 따라서 두 분 모두의 잘못은 있지만 처벌하지 않기로 판결합니다. 두 가정이 앞으로는 이웃을 배려하면서 화목하게 살아가기를 당부합니다. 다른 가정에서도 이웃 간 층간소음으로 인한 문제가 있을 때 개인적 보복은 더 큰 문제가 되므로 층간소음 이웃사이센터를 이용하여 합리적으로 문제를 해결하기 바랍니다.

층간소음에도 종류가 있다

소음은 시끄러워서 듣기 싫은 소리를 말합니다. 이렇게 인간이 바라지 않는 소리 또는 불쾌하게 느끼는 음이기 때문에 층간소음 문제가 나타납니다. 이러한 층간소음에도 두 종류가 있습니다.

1) 직접 충격 소음

- **경량 충격음**: 식탁을 끌거나 마늘 찧는 소리, 물건이 떨어지는 소리 등 가볍고 딱딱한 소리를 말합니다. 이때 진동이 적어서 비교적 불쾌감이 적은 소음입니다.

- **중량 충격음**: 아이들이 뛰어다니는 소리, 발자국 소리 등으로서 무겁고 충격이 큰 소리를 말합니다. 진동이 오래 남아 있어 불쾌감이 큰 소음입니다.

2) 공기전달 소음

공기전달 소음은 TV 소리, 악기 연주음과 같이 기체를 통해 전달되는 가벼운 소리입니다.

층간소음,
어떻게 해결해야 할까

1. 층간소음에 관한 토론 내용을 보고, 각 주장에 관한 근거를 정리해 보세요.

층간소음, 어떻게 해결해야 할까?

층간소음!
자유권과 행복추구권,
무엇이 우선인가?

자유권이 우선이다.
근거 :

행복추구권이 우선이다.
근거 :

층간소음 갈등,
나는 가해자일까,
피해자일까?

가해자이자 피해자이다.
근거 :

층간소음 갈등,
합리적으로
해결할 수는 없을까?

법이나 제도로 규정을 보완하고 이웃 간에 배려하는 생활을 해야 한다.
근거 :

2. 층간소음과 개인적 보복에 대한 본인의 입장을 적어 보세요.

▲ **김홍도**(1745~1806년), **풍속화첩「기와이기」**, 연도 미상. 김홍도가 그린 그림책 형태의 풍속화 중 하나로, 나와 타인이 우리가 되어 한 마을을 이루고 사는 공동체 삶의 모습이 잘 나타나 있다. 층간소음으로 이웃 간 보복도 나타나는 현대 사회에서 눈여겨볼 작품이다.

· 쟁점 9 ·

플라스틱

― 플라스틱 제품, 안 쓰고 살 수 있을까

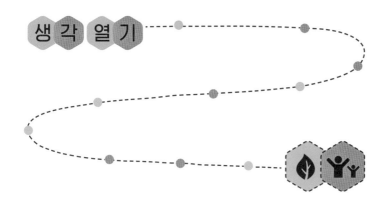

생 각 열 기

2020년도에는 '지구의 날'[1]을 맞아 지난 1년간 ○○일보 독자들이 주목한 환경 관련 기사를 소개했습니다.

[1] 지구 환경오염 문제의 심각성을 알리기 위해서 자연보호자들이 제정한 지구 환경보호의 날로, 매년 4월 22일이다.

'지구를 생각하는' 독자들이 주목한 환경 뉴스 10선	
	(발행순)
	기사 제목
1	기후 변화로 수확량 절반가량 줄어들고 쌀 발암물질 두 배 늘어나 (2019. 11. 1.)
2	英, 2주일간 석탄 쓰지 않고 버텨… 한 달 사이 기록 또 깨졌다 (2019. 6. 2.)
3	그린란드 빙하 녹는 속도 90년대보다 7배 빨라져 (2019. 12. 11.)
4	팔라우에서는 자외선 차단제 사용 NO! (2020. 1. 2.)
5	한국인 1년간 쓰는 플라스틱컵 33억 개… 지구-달 거리 (2020. 1. 5.)
6	호주 대화재… 전부 태운 뒤 바다에 닿아야 멈출 것 (2020. 1. 7.)
7	플라스틱 사용 제한이 오히려 환경에 악영향 미쳐 (2020. 1. 12.)
8	한국 면적 태워 버린 호주 산불… 지구온난화 부추기는 '악순환' (2020. 1. 15.)
9	설 차례상에서도 기후 변화가 보인다 (2020. 1. 25.)
10	킹펭귄 90만 마리는 어디로 사라졌을까 (2020. 3. 20.)

기후 변화, 지구온난화, 그중 플라스틱과 관련한 환경 기사가 눈에 띄었습니다. 코로나19에 따른 배달 음식 수요가 늘면서 포장용 플라스틱 사용량이 늘어났고, 이와 더불어 플라스틱 쓰레기도 급증하고 있습니다. 특히 신선식품 배송 증가로 급증한 아이스팩, 식당과 시험장에서 비말 차단을 위해 사용된 플라스틱 가림막, 건물 승강기에 붙여 놓은 항균 필름, 그리고 코로나19 시대의 생활 필수품인 마스크까지 지금 우리는 플라스틱 시대를 살고 있다고 해도 과언이 아닙니다. 한국인의 플라스틱 사용량은 점점 늘어나고 있으며, 생산·소비·분리배출된 일회용 플라스틱은 대부분 재활용되지 않습니다.

우리가 사용하고 있는 플라스틱은 종류도 다양하고, 재활용하기가 까다로운 탓에 선진국들에서도 그대로 버리거나 중국, 동남아시아 등의 다른 나라에 수출하는 비중이 큰 화학물질입니다. 온갖 기술과 정책을 동원해도 그 비중을 크게 줄이지 못하고 있는 실정입니다. 지금도 전 세계 플라스틱 생산량은 꾸준히 증가하고 있으며, 한국인의 플라스틱 사용량도 점점 늘어나고 있습니다. 그린피스Greenpeace Korea에 따르면, 1950년부터 2015년도 사이에 재활용된 플라스틱은 9% 정도이고, 12% 정도는 매립 및 소각되었으며, 78% 정도는 육상과 바다에 플라스틱 폐기물로 버려지고 있다는 연구 결과도 있습니다. 더욱이 플라스틱은 생산 과정에서 첨가된 다양한 화학물질이 분해되면서 메탄과 같은 온실가스를 배출하여 토양이나 대기를 오염

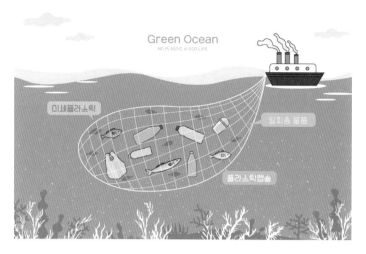

▲ 플라스틱 제품의 무분별한 사용은 오늘날 세계의 바다 곳곳에 비닐, 페트병 등 각종 플라스틱으로
뒤덮인 거대한 플라스틱 쓰레기 섬을 만들었다.

시키고 있습니다. 결국 플라스틱으로 인해 생태계가 파괴되고,
우리의 건강을 위협하는 많은 환경 호르몬이 플라스틱에서 유
출되고 있는 것입니다. 시간이 지나도 플라스틱 조각은 사라지
지 않으며 지구 생태계를 위협하는 5mm 미만 크기의 작은 미
세플라스틱[2]으로 변합니다. 주변 환경으로부터 중금속 등 유해
화학물질을 흡수한 미세플라스틱은 해양생물, 야생동물, 인간,
모두에게 위협이 되고 있습니다.

이 같은 플라스틱 제품의 무분별한 사용은 오늘날 세계의
바다 곳곳에 비닐, 페트병 등 각종 플라스틱으로 뒤덮인 거대
한 플라스틱 쓰레기 섬을 만들어 냈습니다. 이처럼 플라스틱
오염은 심각한 수준에 이르렀습니다.

크기 5mm 이하의 작은 플라
스틱 입자로, 파편, 알갱이,
섬유 등 형태가 다양하다. 마
이크로비즈처럼 애초부터 작
게 만들어진 것도 있지만 비
닐봉지, 플라스틱 병처럼 큰
플라스틱에서 인위적 또는
자연적으로 마모되어 나온
조각들도 있다.

우리는 매일 다양한 플라스틱 제품과 용기, 식품 포장재, 합성섬유 등을 짧은 시간 소비하고 버리고 있습니다. 지금의 플라스틱 위기는 한 번 쓰고 버리는 일회용 소비 문화의 결과인 것입니다. 엄청난 규모의 일회용품 플라스틱 사용은 점점 지구의 환경과 인류에게 재앙으로 다가오고 있습니다. 계속되는 이러한 인류의 활동을 지구가 감당할 수 있을까요?

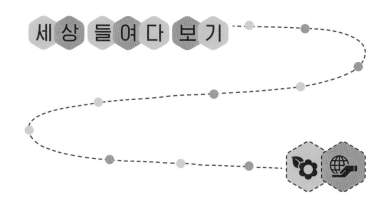

플라스틱은 언제부터 등장한 것일까요? 그리고 어떠한 이유로, 어떻게 만들어졌을까요? 사실 플라스틱은 제2차 세계대전 이후 소비자의 필요가 아닌, 부족한 물자를 대량으로 값싸게 생산하기 위해 기업 주도의 수익 창출 수단으로 생산되었습니다. 플라스틱의 탄생을 알기 위해 지금으로부터 약 150년 전으로 거슬러 올라가 보겠습니다.

최초의 플라스틱은 코끼리의 상아로 만들어진 당구공 소재를 대체할 물질을 찾으려고 연구하던 중에 우연히 발견한 것이었는데 그것은 천연수지 플라스틱 '셀룰로이드' 입니다. 열을 가하면 어떤 형태로든 가공하기 쉬운 재료여서 장신구, 틀니 등의 물질을 만들 수 있었습니다. 이후 1907년 미국의 화학자 리오 베이클랜드Leo Hendrik Baekeland, 1863~1944는 천연 원료를 사용하지 않고 만든 인공 플라스틱 '베이클라이트'를 만들었습니다. 이는 전기 절연성, 내구성이 뛰어나고 부식이 되

▲ 리오 베이클랜드Leo Hendrik Baekeland, 1863~1944

▲ 헤르만 슈타우딩거Hermann Staudinger, 1881~1965

지 않는 값싼 물질로 만들어진 합성수지를 원료로 한 플라스틱의 출발이 되었으며, 전자 제품에 두루 쓰이게 되었습니다.

1920년 독일의 유기화학자 헤르만 슈타우딩거Hermann Staudinger, 1881~1965는 고분자 물질 개념을 고안해 냈습니다. 고분자는 서로 연결된 수천 개의 작은 원자단이 모여 하나의 커다란 거대 분자를 형성하는 화합물로 이루어졌다는 사실이 밝혀졌습니다.

이후 꾸준한 진화를 거쳐 1933년 폴리에틸렌이 등장했습니다. 지금 우리가 많이 사용하는 비닐봉지, 페트병의 재료인 폴리에틸렌의 발명은 다양한 종류와 형태의 플라스틱으로 개발되었으며, 20세기 최고의 발명품이 되었습니다. 그 종류와 성질에 따라 현재 생활과 산업 전반에서 광범위하게 사용되고 있습니다. 고분자 개념이 알려지고 제2차 세계대전 이후 많은 연구를 통해 1935년 화학자 월리스 캐러더스Wallace Hume Carothers, 1896~1937가 합성섬유 나일론을 발명했습니다. 절연성이 높고 금속보다 가벼워 의류, 낙하산, 타이어 등의 제품 생산에 쓰였습니다. 뛰어난 가소성을 지닌 플라스틱은 날씨나 화학물질에 의해 잘 손상되지 않습니다. 한번 모양을 만들어 놓으면 원래대로 되돌아가지 않는 성질 때문이죠. 이처럼 플라스틱은 경제적이고 실용적인 능력을 지녀 지금까지도 많이 사용되고 있습니다. 그만큼 플라스틱

▲ 월리스 캐러더스Wallace Hume Carothers, 1896~1937

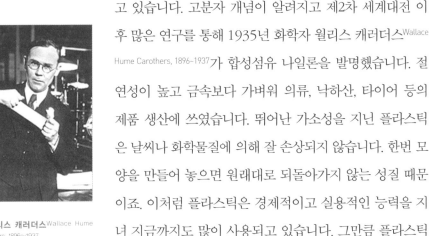

은 물질문명의 발전과 함께 생활의 편의 자체로 진화하였습니다.

우리의 일상을 점령한 플라스틱은 어떤 과정을 통해 만들어질까요? 플라스틱은 석유의 원유를 증류하여 얻는 고분자 화합 물질입니다. 석유의 주성분은 탄화수소로, 탄소^C 원자와 수소^H 원자의 구조에 따라 만들어지는 플라스틱의 종류가 달라집니다. 이 물질이 열이나 압력으로 성형하는 공정을 통해서 다양한 화합물로 쉽게 합성될 수 있습니다. 이와 같은 방법으로 만들어진 플라스틱은 얼마나 다양하게 우리 삶 속에서 활용되고 있을까요? 그 종류는 몇 가지나 될까요?

우리가 일상생활에서 사용하는 많은 플라스틱은 만드는 방법에 따라 그 종류도 다양합니다. 장난감, 비닐, 샴푸, 세제류 용기 등에 쓰이는 폴리에틸렌^{PE}, 요즘 배달 음식 주문이 늘어나면서 음식 배달 용기로 사용되는 폴리프로필렌^{PP}, 컵라면 용기와 일회용컵 뚜껑으로 사용되고 있는 폴리스티렌^{PS}, 흔히 페트병이라 불리며 생수병이나 탄산음료병으로 사용되는 폴리에틸렌테레프탈레이트$^{PET 또는 PETE}$ 등이 있습니다.

폐기나 재활용이 쉽지 않아 가장 해로운 플라스틱이라고 불리는 폴리염화비닐$^{Poly Vinyl Chloride: PVC}$도 있습니다. 우리가 보통 비닐이라고 부르는 이 플라스틱은 신용카드, 비닐 랩, 가방, 옷과 장난감 등 다양한 재질과 형태로 우리 생활 속 깊숙이 들어와 있습니다. 독성이 매우 강하고 재활용할 수 없다는 이유로 일본, 스웨덴, 독일 등 일부 국가에서는 PVC 사용을 부분적으로 규제하거나 금지하고 있습니다. 이 물질은 생산·사용·폐기 단계에서 유독물질을 뿜어내기 때문에 가장 해로운 플라스틱이라고 할 수 있습니다.

문제는 이렇게 사용한 플라스틱이 대부분 재활용되지 않고 육상과 바다로 버려져 환경오염을 발생시킨다는 점입니다. 그렇다면 우리가 분리한 플라스틱은 얼마나 재활용되고 있을까요? 열심히 분리해서 배출한 플라스틱은 수거·선별·처리 중 60%가 폐기된다고 합니다. 같은 재질의 플라스틱이 모여야만 재활용이 가능한 제품의 플라스틱으로 재탄생이 됩니다. 지금처럼 플라스틱의 소재별 분리수거가 이루어지지 않고 버려진다면 재활용 쓰레기 수거·선별·처리 업체에서 처리의 어려움이 발생합니다. 최종적으로는 이들의 수고로움을 거쳐야 재활용이 비로소 완성되는 것입니다. 이 과정에서도 탈락한 플라스틱 폐기물은 환경 파괴를 최소화할 수 있는 방식으로 매립되거나 소각되는 것이 원칙이지만, 그 비용이 급등하면서 몰래 투기하는 일이 자주 생긴다고 합니다.

이 때문에 재활용만으로는 심각한 플라스틱 오염 위기에서 벗어날 수 없습니다. 우리가 쓰고 버린 각종 폐기물은 재질에 따라 분해되는데, 서로 다른 재질이 섞여 있는 플라스틱은 종류별로 분해되는 데 걸리는 시간이 다릅니다. 무려 수백 년에서 수천 년이 지나도 분해되지 않는 스티로폼, 플라스틱 백

(비닐), 일회용 장갑과 같은 플라스틱도 있고, 썩는 데만 최소 100년 이상이 걸리는 우산 비닐 커버, 플라스틱 칫솔, 일회용 기저귀도 있습니다. 이들에 비해 페트병은 약 5~10년밖에 걸리지 않습니다.

10년 이하	종이(2~5개월), 우유팩(5년)
50년 이하	일회용컵, 나무젓가락(20년~) 가죽구두(25~40년) 나일론 천(30~40년)
100년 이상	칫솔, 일회용 기저귀, 금속캔
500년 이상	스티로폼, 알루미늄, 플라스틱

▲ 폐기물의 분해 기간

특히 폴리프로필렌[PP]으로 만들어지는 일회용 마스크는 재활용이 안 되는 데다가 땅에 매립할 경우 수백 년이 걸리고 강이나 바다로 흘러 들어가면 미세 분해될 확률이 높아 더 위험합니다. 사라지지 않고 눈에 보이지 않아 더 위험한 미세플라스틱은 이제 지구 생태계를 위협하는 요인으로 떠오르고 있습니다. 여기에 플라스틱 문제의 심각성을 더 부추기는 것은 인간의 무분별한 소비와 무관심, 열악한 쓰레기 처리 시스템입니다.

지금과 같은 추세로 플라스틱 감축을 실천하더라도 2030년까지 플라스틱 쓰레기 5,300만 톤이 쌓인다고 합니다. 인류는

▲ 플라스틱은 어떻게 사용하느냐에 따라 자원도 절약하고 환경도 보호할 수 있다.

플라스틱 제품을 안 쓰고 살 수 있을까요? 플라스틱 쓰레기 문제를 해결하기 위해서 앞으로 우리는 무엇을, 어떻게 해야 할까요? 플라스틱은 어떻게 사용하느냐에 따라 자원도 절약하고 환경도 보호할 수 있기 때문입니다.

플라스틱 제품,
안 쓰고 살 수 있을까

주제 펼치기

　우리 집 곳곳에 숨어 있는 화학물질 중 가장 문제가 되고 있는 플라스틱 사용 실태를 정확히 파악해야만 각 주체의 구체적인 해법을 세울 수 있다. 먼저, 우리가 하루에 사용하고 무심코 버리는 플라스틱의 양이 얼마나 많은지 알아보는 것으로 토론을 시작해 보자.

주제 1
우리는 하루에 얼마나 많은 양의 플라스틱 제품을 사용하고 있을까

> 우리는 폴리에스터(PEs), 나일론 등 합성섬유가 들어 있는 침구류에서 잠을 자고, 폴리에스터와 폴리부틸렌테레프탈레이트(PBT), 나일론으로 만든 칫솔과 폴리프로필렌(PP), 폴리스티렌(PS)으로 만든 컵으로 양치질을 한다. 플라스틱에서 나온 환경 호르몬과 미세 플라스틱이 포함된 식재료로 아침식사를 하며, 지하철이나 버스, 승용차 등의 교통수단에도 플라스틱 소재가 포함돼 있다.

화장품, 비닐봉지, 신용카드, 안경 렌즈, 식기, 운동화, 각종 가전제품, 단열재, 장판, 타이어 등에도 플라스틱이 들어간다. 현대인의 필수품이 된 스마트폰에는 폴리카보네이트(PC), 폴리아미드(PA) 등이 들어 있고, 휴대폰 케이스는 폴리카보네이트와 폴리우레탄 등으로 만든다.

—○○신문

사회자 — 이 기사의 내용으로 알 수 있듯이 우리가 매일 사용하고 있는 거의 모든 제품이 플라스틱으로 만들어졌습니다. 그만큼 플라스틱의 과다한 사용은 국내외 쓰레기 문제를 점점 더 심각하게 만들고 있다는 얘기입니다.

2019년 말 그린피스가 한국인이 1년간 사용하는 일회용 플라스틱 소비량을 조사한 '플라스틱 대한민국─일회용의 유혹' 보고서를 발표했습니다. 1년간 사용된 플라스틱 컵은 33억 개이며, 페트병이 49억 개, 플라스틱 백(비닐)은 235억 개인데요. 다시 말해, 국민 1인당 플라스틱 연간 소비량은 11.5kg, 이는 1년에 페트병 100개, 플라스틱 컵 65개, 플라스틱 백(비닐) 460개를 버리는 셈입니다.

소비자 1 — 네, 맞습니다. 우리는 매일 아침 일어나 잠자리에 들 때까지 나일론, 폴리에스터 등의 원료로 만들어진 합성섬유 재질의 의류, 치약과 칫솔, 세제와 섬유유연제, 화장품, 살균 제품, 방향·탈취제 등의 생활 화학제품을 엄청나게 사용하고 있습니다. 여기에 더해 폴리프로필렌, 폴리우레탄, 나일론 등으로 만들어진 지난 한 해의 필수품인 마스크까지 우리는 과도하게 플라스틱을 소비하며 살고 있습니다.

소비자 2 ── 당장 플라스틱을 모두 없애 버리고 싶지만 아직까지는 현실적으로 불가능하다고 볼 수 있습니다. 그렇더라도 플라스틱 제품을 조금씩이라도 덜 쓰려는 노력이 필요합니다. 특히 우리의 소비 행태가 바뀌어야 합니다. 우리가 불편을 감수하지 않고서는 플라스틱 사용량을 줄일 수 없고, 미세플라스틱으로 인한 환경오염과 환경 호르몬의 위험도 피할 길이 없습니다.

사회자 ── 네, 그렇습니다. 앞서 제시한 자료에서 국내 플라스틱 전체 수요량이 증가하고 있는 것으로 나타났습니다. 이 같은 정보를 바탕으로 소비자는 올바른 상품을 선택할 책임이 있으며, 버리기 전에 재사용·재활용을 극대화할 방법을 찾아야 합니다. 지금까지 플라스틱을 함부로 사용하고 버렸던 오랜 관행에서 벗어나 플라스틱을 원천적으로 최소화하려는 각 정부, 기업, 우리 모두의 노력이 시급한 때입니다. 그러려면 플라스틱 과소비로 인한 문제점에 대해 좀 더 자세하게 이야기 나눠 보겠습니다.

주제 2

플라스틱은 인간과 생태계를 어떻게 망가뜨리고 있을까

사회자 ── 얼마 전 국내산 천일염에서 미세플라스틱이 발견되었다는 이야기, 들어 보셨나요?

소비자 1 ── 네, 뉴스를 통해 소식 접했습니다. 아울러 바다로 흘러 들어가는 플라스틱 쓰레기 양이 매년 1,100만 톤이고, 이 중 15~31%가 미세플라스틱이라고 밝혀졌습니다. 버려지는 플라스틱은 물리적인 파쇄나 마모, 분해 과정을 거쳐 미세플라스틱이 되는 것입니다.

폐기물의 양을 고려했을 때, 일상생활에서 식품 포장재로 발생하는 페트, 비닐류 등에서 상당량의 플라스틱 폐기물이 발생한다는 사실을 알 수 있었습니다. 버려지는 플라스틱 쓰레기의 절반 이상은 잘 썩지 않으며, 이 중 상당수는 육지에서 버려지고 바다로 흘러 들어가 미세플라스틱에 노출되고 있는 것입니다. 분명한 것은 플라스틱은 먹이 사슬의 모든 단계에 진입하고 있어 수많은 바다 생물의 목숨을 앗아 가는 요인이 되고 있으며, 점점 더 수많은 해양 동물이 살아가기에 위험한 생태계 환경을 만들고 있습니다.

이처럼 바다의 오염도를 높이고 인간의 생존과 생태계를 위협하는 미세플라스틱이 심각한 문제가 되고 있습니다.

소비자 2 ── 네, 맞습니다. 혹시 우리가 사용하고 있는 물티슈가 환경에 어떤 영향을 미치는지 알고 계신가요? 일회용 빨대보다 더 많은 양의 플라스틱을 함유한 물티슈는 자연 분해되지 않고 바다를 떠다니며 생태계를 위협합니다. 플라스틱을 완전 분해하는 데 보통 500년 이상의 시간이 걸린다고 알려져 있습니다. 설사 플라스틱이 분해가 되더라도 제대로 분해되지 않은 플라스틱 조각인 미세플라스틱은 비와 바람에 쓸려 해류를 따라 바다로 흘러 들어가 해양 생태계의 먹이사슬을 파괴하고, 여러 단계를 거쳐 우리의 몸으로, 공기 중으로 이동해 먼 극지방에도 치명적인 영향을 미치게 됩니다. 전 세계 바다는 이미 미세플라스틱의 위험에 노출되어 있습니다.

사회자 — 네, 그러면 미세플라스틱이 발생하는 원인은 무엇일까요? 환경 전문가를 모시고 원인과 피해 사례를 찾아본 후, 앞으로의 대책을 세워 보는 시간을 갖겠습니다. 반갑습니다.

환경 전문가 — 네, 반갑습니다. 미세플라스틱이 발생하는 원인은 다양합니다. 2017년 국제자연보전연맹 미세플라스틱 보고서에 따르면, 아크릴과 나일론이 함유되어 있는 합성섬유로 만든 옷을 세탁할 때 그 종류와 온도에 따라서 발생하기도 하고, 심지어 타이어 마모로 인해서 발생하기도 합니다. 이 두 가지 요인은 미세플라스틱 발생 원인의 87%를 차지합니다. 또 다양한 종류의 플라스틱은 투명하고 유연하게 만들기 위해 각종 화학물질을 포함하고 있는데요. 이러한 위험 물질들이 플라스틱 쓰레기 처리 과정 중에 발생하기도 하죠. 아직 미세플라스틱이 인간에게 미치는 영향 정도와 여부가 확실히 규명되지는 않았으나, 미세플라스틱은 지하수, 담수, 해수 등의 다양한 경로를 통하여 식품에 오염되고 인체에 악영향을 미칠 수 있다고 합니다.

사회자 — 네, 현재 플라스틱 오염이 심각한 상황에서 그나마 다행인 것은 세계 각국이 플라스틱 문제의 심각성을 인지하고 '탈 플라스틱 대책' 마련에 나섰으며, 시민들도 자발적인 플라스틱 줄이기 운동을 시작했다는 점입니다. 그렇다면 플라스틱 문제 해결을 위한 방안을 모색해 보고자 더 다양하게 이야기를 나눠 보도록 하겠습니다.

넘쳐나는 플라스틱에서 탈출이 불가능하다면
인류는 어떻게 살아가야 할까

환경 전문가 —— 2019년 1월 한국에서 필리핀으로 수출된 쓰레기가 반송된 사례가 있었습니다. 재활용이 가능한 플라스틱 조각으로 신고돼 필리핀으로 수출한 것이었는데, 실제 그 내용물은 각종 유해 물질과 다양한 종류의 플라스틱이 뒤섞인 쓰레기로 가득 찬 것이었습니다. 그 양이 6,500톤으로 어마어마합니다. 그중 필리핀 세관에서 압류 중이었던 1,400톤이 먼저 한국으로 돌아왔습니다. 돌아온 불법 폐기물은 어떻게 되었을까요? 애초에 우리나라에서 재활용이 힘들어 수출됐던 것이기 때문에 소각될 가능성이 큽니다. 분리수거만 잘하면 깨끗하게 처리될 줄 알았던 재활용, 그것의 진실이 드러난 사건이었습니다.

소비자 1 —— 재활용으로 플라스틱 문제를 해결하는 것은 사실상 불가능하다는 얘기입니다. 필리핀으로 불법 배출된 플라스틱 쓰레기 수출 사건은 현재 우리의 재활용 시스템이 제대로 작동하지 않고 있음을 보여 줍니다. 감당할 수 없을 만큼 많은 플라스틱을 소비하고, 다른 나라로 그 처리에 대한 책임을 전가하려던 부끄러운 일이 아닐 수 없습니다. 플라스틱 사용을 줄이기 위한 시민의식의 변화와 행동이 절실한 때입니다.

사회자 —— 네, 말씀 감사합니다. 그러면 플라스틱 제품들이 너무나 무분별하고 광범위하게 사용되고 있는 지금의 현실을 개선하기 위해서는 어떠한 대책을 세워야 할까요? 이제 우리는 무엇을, 어떻게 해야 할 것인지에 대해 다양한 의견을 나눠 보도록 하겠습니다.

자원순환센터 담당자 ── 기업들이 제품을 만들고 소비자들이 물건을 구입할 때 더 신경 써 주면 좋겠습니다. 쓰레기는 사람의 손으로 선별하다 보면 여러 힘든 점이 많습니다. 특히 튜브형 플라스틱 제품의 경우, 재질의 문제보다 더 심각한 것은 크기입니다. 작은 플라스틱 튜브는 재활용하지 않고 매립 및 소각될 가능성이 높습니다.

지방자치단체 ── 쓰레기 문제는 책임 부재가 근본 원인입니다. 민간에게만 맡길 게 아니라 정부와 지자체가 직접 나서 인프라를 구축해야 합니다. 폐기물은 공공 사업인 만큼 오염을 일으키는 단순 소각이나 매립은 지양해야 할 폐기물 처리 방식입니다. 지속 가능한 쓰레기 관리 시스템을 구축해야 합니다.

사회자 ── 두 분의 얘기를 들어 보니 결국 중요한 문제는 생활 폐기물을 줄이고, 자원을 재활용·재사용하며, 부족한 천연자원을 보호하기 위한 소비 습관의 변화 등을 포함한 다각도의 자원 효율적인 시스템이 만들어져야 하는 것이겠네요.

환경 전문가 ── 첫 번째 목표는 '생산 단계부터 플라스틱 줄이기'가 이루어져야 합니다. 지금의 속도로 플라스틱을 계속 생산할 수는 없습니다. 전 세계 어떠한 쓰레기 처리 시스템도 현재의 쓰레기 배출 속도를 감당하지 못하고 있기 때문입니다. 특히 기업이 제품 생산 단계부터 재활용 활성화를 염두에 두고 생산하는 것이 무엇보다 중요합니다. 재사용이 가능한 용기, 리필 제품 사용 등의 방법으로 플라스틱 생산량을 줄이는 것이죠. 물론 플라스틱 대체 물질을 찾는 노력도 해야 하고요.

소비자 1 ─ 그런데 거의 모든 제품이 플라스틱으로 포장되어 있어 안 쓰는 것이 불가능한 현실입니다. 플라스틱 줄이기 정책을 발효해야 합니다. 비닐, 부직포 등 복합적인 소재로 이루어져 현실적으로 재활용이 어려운 일회용 마스크 대신 재사용이 가능한 마스크를 만들어 주세요.

소비자 2 ─ 재활용 제품 중 상당수는 성분이 매우 복잡해 재활용하는 데 비용이 너무 많이 들기 때문에 실제로는 거의 재활용되지 않는다고 들었습니다.

생산자 A ─ 그동안은 소비자들이 어떻게 소비하고 버리게 될지 고민하지 않고 플라스틱이라는 화학물질을 개발하는 데만 신경 썼습니다. 그러나 앞으로는 물건을 생산할 때부터 재사용이 용이한 제품을 만들고, 재사용이 가능한 제품 포장재를 고안해 소비자에게 공급할 수 있도록 구상하겠습니다. 구체적으로 천연원료 대신 재생원료 사용을 늘리겠습니다. 또 빠르게 분해되는 생분해성 소재를 사용해서 만들겠습니다. 재활용이 어려운 제품은 100% 제거하고, 석유를 기반으로 한 플라스틱 사용을 줄이도록 애쓰겠습니다. 포장재 없는 제품의 구매가 가능하도록, 그리고 일회용품이 아닌 다회용기를 사용한 소비가 가능하도록 다른 기업들과 공동의 해결책을 찾아보겠습니다.

생산자 B —— 우리는 재활용 플라스틱 사용 비율을 늘리기 위한 캠페인을 실시하고 있습니다. 플라스틱 제품이 자연을 오염시키거나 매립지에 묻히는 대신 보증금 환급 제도를 통해 재활용되는 비율이 높아질 수 있도록 하고 있습니다. 올바르게 버려진 플라스틱 폐기물을 새로운 자원으로 활용할 수 있도록 힘쓰겠습니다.

환경 전문가 —— 각 나라마다 폐기물 처리 기술 수준은 다르지만 네덜란드의 경우, 2016년에 재활용이 가능한 원자재만 쓰는 완전 순환 경제를 이루겠다는 목표를 발표했습니다. 우리도 정부와 지방자치단체가 만든 법과 제도가 정책의 밑바탕으로 작용하고, 생산자, 소비자 모두의 본격적인 실천이 이루어진다면 순환 경제 정착이 이뤄질 수 있습니다.

지방자치단체 —— 여러 국가에서 일회용 플라스틱 때문에 생기는 비용을 공해유발자가 부담하는 제도를 도입하고 있습니다. 우리도 일회용 포장 용기에 대한 부담금을 높이고 재사용 유리병에 대한 인센티브가 강화되도록 하겠습니다. 비닐봉지를 포함한 일회용 플라스틱 제품 사용을 금지하는 정책도 발효시키겠습니다.

사회자 —— 플라스틱 오염이 심각한 상황에서 각국이 플라스틱 문제의 심각성을 인지하고 다양한 정책과 전략 대책 마련에 나서고 있습니다. 시민들도 자발적인 플라스틱 덜 쓰기, 안 쓰기 등의 노력을 시작했습니다. 소비자들은 플라스틱을 줄이기 위해 어떤 실천을 하고 있나요?

소비자 2 —— 쓰레기는 처리보다 배출이 문제인 것을 제대로 알게 되었습니다. 세척하지 않고 통째로 버리게 되면 다른 제품까지 오염시키게 되니 깨끗이 씻어서 버려야 재활용률이 높아진다는 것도 알았습니다. 플라스틱 병뚜껑은 일반 종량제로 따로 분리배출하고, 플라스틱을 버리기 전에 재사용을 극대화할 방법을 찾으려고 노력하고 있습니다.

소비자 3 —— 우리는 개인적인 차원에서 행동을 변화시킴으로써 플라스틱 사용을 줄일 수 있습니다. 일회용 플라스틱 중에서 가장 큰 오염을 일으키는 일회용 컵과 뚜껑, 빨대, 비닐봉지는 되도록 쓰지 않으려고 하고 있습니다. 물건을 구입할 때는 플라스틱이 아닌 대나무나 종이 소재로 된 친환경 제품을 찾습니다. 그런데 플라스틱 용기를 사용하지 않는 세안제나 화장품은 좀처럼 찾기가 쉽지 않습니다.

소비자 2 —— 저는 액체로 된 샴푸, 세안제 대신 플라스틱으로 포장되지 않은 고체 제품을 사용하고 있습니다. 여러분도 지금 당장 일회용 플라스틱 제품을 얼마나 많이 사용하고 있는지 살펴보시기 바랍니다. 그리고 할 수 있는 행동들을 하나씩 실천하면서 생활 습관을 바꾸고, 플라스틱 쓰레기를 만들지 않는 도전을 함께해 보면 어떨까요?

소비자 1 —— 그 외에도 개인이 일상에서 실천할 수 있는 작은 변화는 많습니다. 저는 항상 텀블러를 갖고 다니며 종이가방을 버리지 않고 다시 사용합니다. 제 주변에는 '일주일 동안 플라스틱 없이 살기' 캠페인에 동참하는 가족이 늘고 있으며, 일회용품에 의존하는 삶의 방식에서 벗어나기 위해 가족, 친구, 이웃들과 함께 공부하고 플라스틱 줄이기에 동참하고 있습니다.

소비자 3 — 내가 현재 실천할 수 있는 범위 안에서 자원 활용을 모색하고 깨끗하게 사용하며 제대로 분리수거 할 수 있도록 최선을 다해야겠습니다. 다양한 종류의 플라스틱을 잘 사용한 후에 올바르게 처리해야 환경오염을 줄일 수 있으니까요.

사회자 — 생활 폐기물 중 상당수를 차지하는 플라스틱을 덜어 내기 위한 다양한 시도를 말씀해 주셨는데요. 생산자인 기업들도 이러한 문제에 공감대를 형성하고 다양한 방식을 통해 환경보호에 동참하기 시작했다고 합니다. 그 이야기를 들어 보겠습니다.

생산자 A — 저희 기업은 최근 국내 탄산음료 최초로 라벨을 없앤 제품을 선보였습니다. 투명 페트 용기에 라벨을 부착하지 않아 재활용 효율성은 물론 소비자의 분리수거 편의성까지 높였습니다. 팩음료의 빨대를 플라스틱 제품에서 석유화학성분이 들어가지 않은 옥수수 소재로 만들어 100% 생분해되는 PLA 빨대로 교체하기도 하였습니다.

생산자 B — 플라스틱 사용량을 줄이고 재활용을 용이하게 할 수 있는 친환경 포장 소재 생산을 대폭 확대하겠습니다. 저희는 일회용품에서 벗어나도록 제품의 수명 전체를 고려하는 생산 방식으로 전환하는 것을 목표로 하고 있습니다. 탄소 감축에 성과가 있는 기업에는 세금 감면 등 인센티브가 확대됐으면 좋겠습니다.

생산자 C — 현재 화장품 용기 90%가 재활용이 어려운 일회용 포장재

제품으로 만들어져 있습니다. 플라스틱 쓰레기 대란의 문제는 그동안 재활용도 안 되는 용기를 생산하는 저희와 같은 기업 모두에게 책임이 있습니다. 지금의 일회용 플라스틱과 쓰레기 문제 해결을 위해 저희 기업은 일회용 포장재가 아닌 재사용 용기를 사용하여 일회용 플라스틱을 획기적으로 줄여 나갈 수 있도록 하겠습니다. 화장품 용기를 위생적으로 재사용할 수 있도록 제작된 용기를 보급하겠습니다.

환경 전문가 ── 여기서 잠깐, 재활용과 재사용에 대해서 짚고 넘어가겠습니다. 재활용과 재사용은 엄연히 다릅니다. '재사용'은 이미 사용한 물건/용기를 다시 쓰는 것으로 본래의 의도와 용도에 맞게 사용된다는 의미입니다. 그리고 '재활용'은 본래의 의도 및 용도와는 달리 가공을 거쳐 다른 형태의 물건/제품으로 제작될 수 있게 하는 것입니다. 따라서 소비자가 구입한 물건이 최대한 재사용되고 본래의 용도로서 더 이상 사용하지 못하게 될 때 재활용하는 것이 자원 순환입니다.

지방자치단체 ── 이미 다른 나라에서는 지역사회와 환경, 우리의 건강에도 위협을 끼치지 않는 재사용 시스템을 개발하여 운영하고 있습니다. 또 지금의 감염병 예방을 실천하면서 플라스틱 사용도 줄일 수 있는 시스템을 도입하고 있습니다.

환경 전문가 ── 플라스틱 문제는 기후 변화 문제와 뗄 수 없는 불가분의 관계에 있습니다. 플라스틱 사용 감축이 우선시되어야 하며 재사용을 높이기 위한 정책적 접근이 필요합니다. 결국, 여러 가지 종류의 플라스틱이 동일한 방식으로 분해되지 않고 있다는 점에서 현재로서는 미세플라스틱의 문제를 해결할 수 있는 방법은 폐기물을 처리하는 방식과 최대한 자연으로 배출되지 않도록 하는 것이 상당히 중요해 보입니다.

지방자치단체 — 플라스틱의 생산량 자체를 줄이고, 재사용 및 재활용을 독려하면서 플라스틱 처리 과정을 전면적으로 바꿔야 합니다. 근본적인 플라스틱 위기를 해결하기 위해서는 소비자뿐만 아니라 생산자, 유통업체, 정부 등 다양한 주체가 플라스틱 오염에 대한 책임을 적극적으로 나누어야 할 때입니다.

마무리 발언

사회자 — 좋은 의견 감사드립니다. 오늘 토론을 통해 플라스틱 오염을 악화시키는 '일회용 문화'를 되돌아 보았습니다. 쓰고 버려지는 플라스틱 오염의 심각성과 문제점, 지금의 단계에서 플라스틱 사용을 줄일 수 있는 방안과 구체적 대책들에 대해 살펴봤습니다. 플라스틱 없는 삶을 위해 소비자는 불편함을 감수하고 분리수거에 힘씀과 동시에 생산자는 환경에 대한 시민들의 요구를 적극적으로 반영해야 하며, 지금보다 더 친환경적이고 지속 가능한 제품을 제공하기 위해 부단히 노력해야 할 것입니다. 앞으로 이 문제와 관련해 어떤 지구적인 협력을 이룰 수 있는지에 대한 논의가 필요해 보입니다. 현재 과학자들은 쉽게 분해되고 빨리 썩는 플라스틱 기술 및 지구를 살리는 바이오 플라스틱 연구를 활발하게 진행하고 있습니다. 식물에서 전분이나 셀룰로오스 같은 고분자를 얻어 플라스틱을 만들려고 하지요. 또 일반 기업·사회적 기업·개인 등 사회 각계에서 플라스틱 사용량 줄이기와 재활용을 돕기 위한 기술 개발에 힘을 합치고 있습니다. 오늘의 논의로 여러분 모두가 환경보전과 플라스틱 제로에 동참할 수 있는 계기가 되길 바랍니다. 지금의 플라스틱 위기에서 당장 벗어나는 것은 불가능하지만 플라스틱 없는 삶을 위해 우리 모두 과학적인 방법과 지식에 기반하여 실천한다면 머지않아 가능해질 것입니다. 실생활에서 플라스틱 사용을 최소화하는 방법을 찾아 실천하고, 지구를 구하고자 하는 정성이 담긴 말과 행동을 할 줄 아는 여러분이 되기를 희망합니다.

생분해 플라스틱, 플라스틱을 대체할 좋은 해결책일까

생분해 플라스틱이란 옥수수 전분과 같은 생물성 원료나 석유화학 제품 중 생분해가 가능한 PBAT, PBS, 폴리락타이드(PLA) 등으로 만들어지는 플라스틱을 말합니다. 일반 플라스틱과 사용처는 동일하지만, 사용 후 폐기됐을 때 땅이나 물속에서 물과 이산화탄소로 잘 분해되는 친환경적인 플라스틱입니다. 기존의 플라스틱이 생산·매립되어 분해되는 데 환경오염을 유발하는 큰 어려움이 존재하고 있기 때문에 최근 전 세계적으로 생분해 플라스틱 원료에 대한 관심이 높아지고 있습니다.

그러나 전문가들은 생분해성 플라스틱이 기대했던 것과 달리 생산 과정에서 환경 파괴가 심하고 잘 분해되지 않는다고 지적합니다.

유엔환경계획의 과학자 제니퍼 맥글래이드는 "생분해 플라스틱은 50℃ 이상에서 분해되
는데 해양에 버려진 생분해 플라스틱 대부분은 이보다 낮은 온도의 심해를 떠돌며 분해되
지 않고 일반 플라스틱과 마찬가지로 해양 생태계를 파괴한다"고 말했다.

―○○일보

결국 생분해 플라스틱의 생산 과정만 보면 일반 플라스틱과 다르지 않다는 얘기입니다. 이러한
이유로 생분해 플라스틱이 정말 플라스틱의 대체재로 발돋움할 수 있을지를 놓고 논란이 커지고
있습니다.

따라서 생분해성 플라스틱을 환경오염의 대안책으로 활용하기 위해서는 더 많은 연구와 개발이
필요합니다. 생분해성 플라스틱에 의존하기보다는 플라스틱의 발생을 근원적으로 억제하고 플라스
틱의 사용 자체를 줄이는 것이 지금의 플라스틱 오염을 극복하는 데 가장 중요한 해답입니다. 세계
각국의 정부 역시 일회용 플라스틱 사용을 규제하는 정책을 더욱 적극적으로 추진하고 있습니다. 기
업과 소비자들은 친환경 생산, 친환경 소비를 지향하며 플라스틱 문제 해결의 흐름에 발맞춰 나가야
합니다.

플라스틱 제품,
안 쓰고 살 수 있을까

1. 다음 플라스틱 제품의 사용이 미치는 영향에 관한 토론 내용을 보고, 각 주장에 관한 근거를
정리해 적어 보세요.

플라스틱 제품, 안 쓰고 살 수 있을까?

우리는 하루에 얼마나
많은 양의 플라스틱
제품을 사용하고 있을까?

많은 양의 플라스틱을 사용하고 있다.
근거 :

플라스틱은 인간과
생태계를 어떻게
망가뜨리고 있을까?

바다의 오염도를 높이고 인간의 생존과 생태계를 위협하고 있다.
근거 :

넘쳐나는 플라스틱으로부터
탈출이 불가능하다면
인류는 어떻게
살아가야 할까?

플라스틱 소비와 오염을 줄이기 위한 전 세계 시민, 기업, 정부의 노력이 필요
하다.
근거 :

2. 쉽게 쓰고 버려지는 일회용품 폐기물이 급증하고 있는 현 실태에 관한 본인의 입장을 적어
보세요.

▲ **호아킨 소로야**(1863~1923년), 「**발렌시아 해변의 아이들**」, 1916년. 발렌시아 엘 카비냐 해변에서 아이들이 물놀이하고 있는 장면을 사진으로 찍듯 생생하게 표현한 그림이다. 미세플라스틱이 계속 바다로 흘러 들어간다면 머지않아 이런 모습을 볼 수 없게 되는 건 아닌지 생각해 봐야 할 것이다.

생각 더하기

+ 생각 더하기는 장별 '마무리하기'의 예시 답안입니다.

쟁점
1

물부족 – 우리나라는 정말 물이 부족한 것일까

우리나라는 물부족 국가이다.
근거: UN은 PAI의 보고서를 인용하면서 우리나라를 물부족 국가로 분류하였다. 설령 다른 지수를 살펴보더라도 용어의 차이는 있을 수 있지만 물부족 국가로 바라보는 것이 꼭 틀린 것만은 아니다.

우리나라는 물부족 국가가 아닌 물 스트레스 국가이다.
근거: 정부에서도 물부족 국가라는 말이 오해가 있으며, UN에서 물부족 국가라고 정확하게 지정한 바가 없다고 하였다.

우리나라의 지역적 특성을 고려할 때 댐 건설은 물을 잘 관리할 수 있는 최적의 방법이다.
근거: 비가 집중해서 내리는 지역이 많으므로 이를 효율적으로 관리하기 위해서는 평소 댐이나 저수지를 많이 개발해 물을 저장하는 것이 중요하다. 또 블루댐처럼 환경을 고려한 건설 방법이 개발되었으므로 주목할 필요가 있다.

댐을 건설한다고 해서 물 걱정으로부터 해방되는 것이 아니다. 오히려 환경을 파괴할 수 있다.
근거: 댐 건설이 가능했던 것은 정부와 각종 매체에서 '물부족'이라는 말을 앞다투어 사용했기 때문이다. 지금까지 지어진 댐과 저수지를 효율적으로 활용하면서 환경을 보호하는 것이 장기적으로 보면 이득이다.

1인당 물 사용량을 줄이는 것이 시급하다.
근거: 우리나라의 물 사용량은 점점 증가하고 있다. 만약 가정용수의 사용을 줄인다면 가용한 수자원의 양을 확보할 수 있다.

제대로 관리하지 못하는 물을 어떻게 활용할지를 우선 고민해야 한다.
근거: 물이 부족하다기보다는 빗물처럼 그냥 흘려보내는 아까운 물이 더 많은 것이다. 절약도 좋지만 우선 빗물을 활용하는 방법을 강구해야 한다.

쟁점 2

멸종 — 멸종 시계를 멈추기 위해 인류가 개입해도 될까

현 인류의 무분별한 포획으로 멸종했다.

근거: 다수의 매머드 뼈로 만든 막집 유적지가 존재하며, 이에 반해 인간의 손길이 닿기 어려운 지역에는 최근까지 매머드가 살았다는 증거가 있다. 매머드와 유전형이 비슷한 코끼리의 습성으로 미루어 볼 때 매머드의 번식에 중요한 역할을 하던 늙은 수컷을 인간이 공격함으로써 개체 수가 감소하고 매머드 멸종을 앞당겼다고 볼 수 있다.

급격한 기후 변화 등 환경 변화로 인해 멸종했다.

근거: 온난한 초원에 살았을 것이라고 추정되는 매머드 화석이 얼음층에서 온전한 상태로 발견되는 것은 급격한 환경 변화를 겪었다는 증거이다. 또 운석 충돌로 인한 기후 변화, 그에 따른 해수면 상승 등으로 인해 먹이와 물이 사라져 멸종했다는 주장도 있다.

매머드 복원은 생태계 안정 및 종의 다양성 확보라는 측면에서 도움이 된다.

근거: 옐로스톤 국립공원이 황폐해진 후 사라졌던 늑대를 복원함으로써 다시 생태계가 안정되었다. 매머드가 사라진 이후 북극의 씨앗 번식이 이루어지지 않아 식물 생태계가 파괴되었는데, 매머드를 복원하면 다시 북극의 초원 생태계가 살아나 종의 다양성 확보에 도움이 될 것이다. 더 나아가 복원 시도를 통해 유전 공학이 발전하면 멸종 위기종 보호에도 긍정적인 영향을 줄 것이다.

복원으로 또 다른 문제가 발생할 수 있다.

근거: 매머드가 살던 시기와 현재의 환경은 많이 달라 재멸종을 초래할 수도 있으며, 복원된 매머드가 일으킬 질병이나 상태계 교란으로 현존하는 종이 피해를 입을 수도 있다. 이미 복원된 개체의 수명이 매우 짧은 문제점이 지적되고 있으며 복원으로 유전적 요인 이외의 환경적 요인이 뒷받침될 수 있을지 의문이다.

인류의 의지와 노력으로 대멸종을 극복할 수 있다.

근거: 인류는 과거 대멸종 시기와 달리 기술과 지식을 개발하는 등 끊임없이 사고 체계를 발전시키며 어려움을 극복해 왔다. 파리협정 등 기후 변화 예방을 위해 전 인류가 함께 노력하고 있는 데다가 유전 공학 기술의 발달로 결국 인류가 대멸종으로부터 생태계를 구할 수 있을 것이다.

인류의 무분별한 자연 이용과 파괴가 대멸종 시계를 앞당긴다.

근거: 지구의 역사에서 매우 짧은 기간 동안 많은 종이 멸종했으며, 멸종 위기에 처한 종들의 서식지가 인류가 주요 모여 사는 지역과 겹친다. 한 종의 멸종은 생태계의 균형을 깨뜨려 대멸종을 초래할 수 있다.

바이러스 – 바이러스로 인한 문제, 어떻게 해결해야 할까

바이러스는 인간이 만든 문명에 대한 자연의 역습이다.

근거: 코로나19는 중국 우한 수산시장에서 발생했으며, 이곳에서는 다양한 야생동물이 거래되고 있었다. 바이러스는 스스로 성장할 수 없고, 다른 숙주를 통해 기생해야한다. 산림, 밀림 훼손을 동반한 난개발 등 인간의 이기적인 욕심으로 서식지를 잃은 야생동물이 점점 인간의 영역으로 들어오고 있다. 또 공장식 밀집 사육으로 길러진 가축들은 중간 숙주 역할을 하기에 알맞다. 사람과 동물이 어느 정도 거리를 유지했다면 종간 감염은 쉽지 않았을 것이다.

바이러스는 지구가 생성되기 전부터 존재했다.

근거: 지구상에 최초로 생명체가 존재한 것은 38억 년 전이며 인간이 등장한 것은 고작 20만 년 전이다. 지구상에 인간이 존재하기도 전에 바이러스는 존재해 왔으며, 지구 생명 역사의 주인공은 바이러스라고 불리기도 한다. 즉, 바이러스와 인간은 공존, 공생하고 있을 뿐 문명의 이기로 바이러스가 발생했다는 주장은 무리가 있다.

바이러스 상황에서도 일회용품 사용은 자제해야 한다.

근거: 코로나19가 끝났을 때 남은 쓰레기산은 어떻게 처리할 것이며, 바이러스는 장기화되고, 다른 바이러스가 발생할 수 있는 만큼 정부 차원에서 재사용 시스템 마련과함께 일회용품 배출량을 조절할 수 있는 별도 방안 마련이 필요하다. 바이러스 감염위험을 줄인다는 명목으로 일회용 플라스틱을 남용한다면 환경, 물 시스템, 잠재적인 식량 공급 전반에 엄청난 악영향을 가져올 것이다.

바이러스 상황에서는 일회용품 사용이 불가피하다.

근거: 한번 바이러스에 감염되면 노약자 및 기저질환자에게 치명적 영향을 주므로, 사회적 비용이 발생하더라도 완전한 방역이 우선시되어야 한다.

공중보건 위기 상황인 만큼, 개인의 자유 제한은 불가피하다.
근거: 문명의 발달로 국내의 일일생활권이 가능해지고 전 세계가 하나의 생활권이 됨에 따라 바이러스의 전파도 빠르고 손쉬워졌기 때문에 방역에 예외는 있을 수 없다.

어떤 상황에서든 개인의 인권은 존중받아야 한다.
근거: 확진자의 동선 및 개인정보가 다양한 경로로 노출되고 자가격리자에 대한 위치 추적이 허용되는 것은 개인의 자유에 대한 지나친 통제와 억압이다. 실제로 마녀사냥식 여론몰이로 인한 2차, 3차 피해가 초래되기도 하였다.

특허권의 중요성을 인정해 주어야 한다.
근거: 피땀 흘려 바이러스를 연구하고 개발했는데 아무 성과나 보상 없이 무료로 특허권을 갖겠다는 것은 욕심이다. 이런 선례가 남는다면 추후 또 다른 바이러스가 창궐했을 때 백신을 만들려는 제약회사가 없을 것이다.

공유해서 바이러스를 해결해야 한다.
근거: 렉키로나주는 민간회사만의 노력이 아니라 공공이 함께 힘을 모아 만든 치료제이다. 지금은 시급하고 긴급하며 인류 생존이 달린 상황이다. 백신과 치료제는 공공재이므로 그 혜택을 전 세계가 공유하는 것이 정의이자 윤리이다.

재활용 — 쓰레기 대란의 해결책은 재활용밖에 없을까

1. 올바른 분리배출의 방법을 써 보세요.

종류	세부 품목	분리배출 요령
종이팩	우유팩, 두유팩, 소주팩, 주스팩 등 살균팩, 멸균팩	–내용물을 비우고 물로 헹구는 등 이물질을 제거하고 말려 배출 –빨대, 비닐 등 종이팩과 다른 재질은 제거한 후 배출 –다른 종이류와 혼합되지 않게 배출
유리	음료수병, 기타 병류	–내용물을 비우고 물로 헹구는 등 이물질을 제거하고 말려 배출 –색상별 용기가 설치되어 색상별로 배출이 가능한 경우 분리 배출 –접착제로 부착되지 아니하여 상표 제거가 가능한 경우 상표 제거한 후 배출 –깨진 유리제품, 조명기구용 유리, 사기, 도자기류는 따로 특수 규격마대 또는 대형폐기물 처리 등 지자체 조례에 따라 배출
캔류	음료수캔, 맥주캔, 통조림캔	–내용물을 비우고 물로 헹구는 등 이물질을 제거하고 말려 배출 –플라스틱 뚜껑 등 금속캔과 다른 재질은 제거한 후 배출
페트	무색 투명한 먹는샘물, 음료병	–내용물을 비우고 물로 헹구는 등 이물질을 제거하고 말려 배출 –부착상표(라벨) 등을 제거한 후 가능한 압착하여 뚜껑을 닫아 배출
플라스틱	음료용기, 세정용기 등	–내용물을 비우고 물로 헹구는 등 이물질을 제거하여 배출 –부착상표, 부속품 등 본체와 다른 재질은 제거한 후 배출 –펌핑용기의 경우 내부 철제 스프링이 부착된 펌프는 제거하여 배출 –옷걸이, 칫솔, 파일철, 전화기 등은 종량제 봉투, 특수규격마대 또는 대형폐기물 처리 등 지자체 조례에 따라 배출
비닐	비닐포장재, 1회용 비닐봉투	–내용물을 비우고 물로 헹구는 등 이물질을 제거하여 배출 –흩날리지 않도록 투명 또는 반투명 봉투에 담아 배출

2. 일상생활에서 내가 실천할 수 있는 ZERO WASTE 방법을 써 보고, 실천해 보세요.

종류	ZERO WASTE 대체품과 실천 내용
음식 포장 용기, 비닐 봉투	- 개인 용기, 집에 있는 그릇으로 식당에서 음식을 포장한다. - 마트나 가게에서 물건을 살 때도 비닐 봉투를 사용하여 물건을 가져오지 않고, 장바구니를 사용하여 물건을 담는 데 활용한다.
일회용 비닐 랩	- 조각보나 밀랍을 녹여 만든 친환경 밀랍 랩으로 음식을 포장하여 보관하도록 한다.
일회용컵과 빨대	- 카페에 가서 음료를 먹을 때 일회용컵을 사용하기보다는 텀블러를 활용하여 음료를 마신다. - 일회용 빨대 역시 스테인리스 빨대나 대나무 빨대를 다회용으로 사용한다.
입지 않는 옷과 가방	- 유행이 지나거나 입지 않는 옷과 가방의 천을 활용하여 새로운 물건을 만든다. - 음식을 덮을 때 쓰는 조각보나 방석, 식탁보 같은 것들로 활용할 수 있다.

에너지 ─ 태양광 에너지가 기존 에너지원을 대체할 수 있을까

태양광 발전은 친환경적이다.

근거: 화력 발전은 대기오염 물질을 배출하고 냉각수로 사용된 후 바다에 배출되는 온배수는 해양 생태계를 훼손하며 수산자원을 감소시킨다. 수력 발전은 지형 변화, 기후 변화 등의 생태계 파괴 문제를 일으키고, 원자력 발전은 누출될 경우 위험하다. 반면, 태양광 에너지는 무한하고 잠재력이 크며 환경 파괴를 줄인다.

태양광 발전은 친환경적이지 않다.

근거: 태양광 발전은 태양전지판을 설치할 때 조망권 침해, 야생동물의 서식지 파괴, 홍수 피해 등 새로운 환경문제를 야기한다.

태양광 발전은 효율적이다.

근거: 태양광 발전 설비를 대지뿐만 아니라, 주택 지붕, 가로등 위의 유휴공간에 설치하거나 창문, 전기기구의 표면에 부착할 수도 있기 때문에 효율적이다. 또 축전지와 같은 에너지 저장장치를 보완 전력원으로 사용한다면 기상 악화나 계절 문제로 인한 한계도 극복할 수 있다.

태양광 발전은 비효율적이다.

근거: 패널에 도착하는 일사량에 따라 전기 생산 효율이 달라지고, 계절, 기온, 날씨에 따라서도 효율이 달라지므로 비효율적이다.

경제적이다.

근거: 화력과 원자력은 발전소를 짓는 데 큰 부지가 필요하지만, 태양광은 각 집이 발전시설이 될 수 있고, 다양한 사물에 태양광을 부착할 수도 있다. 현재는 타 에너지보다 비용이 비싸지만 기술이 발전하고 있어 앞으로는 저렴해질 것이다.

경제적이지 않다.

근거: 태양광 발전은 땅이 필요하고 우리나라는 땅이 비싸니 비경제적이다. 또 용량 대비 발전량이 다른 에너지 발전에 비해 떨어진다.

동물원 — 동물원은 꼭 필요한 것인가

동물원은 멸종 위기에 처한 동물을 보호하기 위해서 존재한다.
근거: 생존에 어려움에 처한 동물을 포획하여 동물원이라는 안전한 곳에서 살게 함으로써 멸종 위기 동물의 생존과 번식을 돕는다.

동물원은 동물의 기본적인 권리를 무시한 채 인간의 욕구를 충족시켜 주는 공간이다.
근거: 대부분의 동물원은 많은 동물을 동시에 가두는 백화점식 전시 형태를 띠고 있고, 동물을 직접 만질 수 있는 체험형 동물원이나 고객이 원하는 장소로 데려가 보여 주는 이동식 동물원이 급증하고 있다.

동물이 가진 본능을 잃지 않도록 동물원의 환경을 만든다면 위험요소가 많은 야생보다 오히려 낫다.
근거: 야생동물의 서식지가 파괴되는 상황에서 동물원의 동물들을 무조건 야생으로 보내는 것은 무책임하다. 동물원은 사라져 가는 야생동물들의 서식지를 대신하여 동물들이 살아갈 수 있는 최소한의 안전한 보금자리 역할을 한다.

동물원은 결코 동물들에게 적합한 환경을 제공할 수 없다.
근거: 동물복지를 위해 새롭게 환경을 조성한다고는 하지만 그 어떤 인위적인 환경도 자연의 상태와 같을 수는 없다. 동물원의 환경을 생태와 같게 만들기 위해 오히려 자연을 파괴하고 있다.

생존의 위협을 받지 않고 최소한의 안전한 공간에서 사는 동물원의 동물은 행복하다.
근거: 동물원에는 동물의 생존을 위한 기본적인 환경뿐만 아니라 야생에서의 행동을 할 수 있는 환경도 마련되어 있다.

기본적인 복지를 누리지 못하는 동물원의 동물은 행복하지 않다.
근거: 좁은 우리 안에 갇혀 사는 동물들은 큰 스트레스를 받아 정신적으로나 육체적으로 문제가 많이 발생한다.

살균제와 살충제 ─ 살균제, 살충제! 인류에게 어떤 물질일까

	살충제	살균제
필요성	대표적인 살충제인 DDT는 페니실린만큼 기적적인 의약품이라고 생각했으며, DDT가 없었다면 수백만의 시민과 군인은 전쟁 기간이나 그 이후 곤충을 매개하는 발진티푸스, 말라리아로 죽었을 것이다.	살균제는 인류의 삶을 윤택하게 만들었으며, 인류의 질병과 가난을 퇴치하는 데 도움을 주는 물질이기도 하다.
지속적으로 사용 시 문제점	DDT는 해충뿐만 아니라 익충도 죽이고, 땅속에서 쉽게 분해되지 않고 체내에 쌓이게 된다. 새들의 알껍데기가 얇아지고, 새부리가 기형으로 나타나기도 한다. 즉, 먹이사슬을 통해 농도가 축적된다는 것이며, 우리 몸에 1ppm만 축적이 되어도 좋지 않다. 이런 DDT가 몸에 들어오면 신장, 갑상선, 생식기에 축적이 되며, 신경계 이상 암으로도 발전할 수 있다.	가습기 살균제 사건, 치약 사태를 통해 보았듯이 대표적인 원료물질인 CMIT와 MIT는 최초 개발한 미국 롬앤하스(R&H) 회사가 이미 호흡 독성을 경고했고, 1991년 미국 환경보호청은 이 물질을 2등급 흡입 독성물질로 지정했다. 1998년 환경보호청에서 발표된 보고서에 따르면 중장기간 노출 시 비염을 일으키고, 피부 및 호흡기 자극성을 보이는 독성이 강한 유독물이다.
대안	새로운 물질을 합성, 개발하기보다는 좀 더 친환경적인 방법을 찾아보아야 할 것이다. 오리 농법은 오리가 논의 잡초를 제거하여 벼가 잘 자랄 수 있게 해 주고, 오리의 배설물은 자연 비료가 된다. 지렁이 농법은 지렁이의 배설물을 자연 비료로 활용하고, 지렁이가 다닌 길은 공기의 통로가 되어 작물이 잘 자랄 수 있게 해 준다.	국내에 사용되는 일회용 기저귀, 로션, 물티슈, 아이스크림, 과자 속에 있는 유해한 화학물질은 정부의 관리감독과 통제가 꼭 필요하다. 인간이 개발했지만, 개발, 살포는 인간의 손에 달렸고, 인류와 환경, 자연을 생각한다면 선개발이 아니라 시간이 걸리더라도 친환경적이고 안전한 물질을 찾는 것이 먼저이다.

쟁점 8

층간소음 — 층간소음, 어떻게 해결해야 할까

자유권이 우선이다.
근거: 공동주택에서 층간소음은 어쩔 수 없는 문제이며, 내 집에서 걷고 뛰고 연주하고 필요하면 가구도 옮길 수 있는 것이므로 자유권이 우선되어야 한다.

행복추구권이 우선이다.
근거: 집에서 고통받지 않고 편히 쉴 수 있는 행복추구권이 층간소음으로 인해 침해되어서는 안 된다. 층간소음 때문에 공부도 못하고 잠도 잘 자지 못하는 것은 행복추구권이 침해된 것이다.

가해자이자 피해자이다.
근거: 내 자유를 생각하고 마음대로 행동했다면 아래층에 대해서는 가해자이고, 나의 행복추구권을 생각하면 위층의 피해자이기도 하다.

법이나 제도로 규정을 보완하고 이웃 간에 배려하는 생활을 해야 한다.
근거: 아파트를 건설할 때 바닥을 두껍게 하거나 소음을 줄일 수 있는 바닥재를 사용하는 등 법적인 보완이 좀 더 필요하다. 우리나라에서는 층간소음 문제를 해결하기 위해 환경부 산하 층간소음 이웃사이센터를 운영하고 있으며, 공동주택 층간소음의 범위와 기준에 관한 규칙이 법으로 정해져 있다. 따라서 개인적 보복은 삼가고 이웃 간에 배려하는 생활을 해야 하며, 법이나 제도에 기반한 원만한 해결이 필요하다.

플라스틱 – 플라스틱 제품, 안 쓰고 살 수 있을까

많은 양의 플라스틱을 사용하고 있다.

근거: 침구류, 칫솔, 양치컵, 교통수단, 화장품, 비닐봉지, 신용카드, 안경 렌즈, 식기, 운동화, 각종 가전제품, 단열재, 장판, 타이어 등 우리가 매일 사용하는 거의 모든 제품이 플라스틱으로 만들어졌다.

바다의 오염도를 높이고 인간의 생존과 생태계를 위협하고 있다.

근거: 버려지는 플라스틱 쓰레기의 절반 이상은 잘 썩지 않으며, 상당수는 바다로 흘러 들어가 수많은 바다 생물의 목숨을 앗아 가고 있다. 또 먹이사슬을 파괴하며, 다양한 경로를 통하여 식품을 오염시키고 결국 인체에 악영향을 미칠 것이다.

플라스틱 소비와 오염을 줄이기 위한 전 세계 시민, 기업, 정부의 노력이 필요하다.

근거: 소비자는 불편을 감수하더라도 분리수거에 더욱 힘써야 하고, 생산자는 친환경적인 제품을 제공하기 위해 노력해야 하며, 정부 역시 지속 가능한 쓰레기 관리 시스템을 구축하고 플라스틱 제품 사용을 금지하는 정책을 발효해야 한다.

단숨에 읽을 수 있는, 믿을 수 없을 만큼 흥미진진한 교양서!

누구나 교양 시리즈

세계사,
최대한 쉽게 설명해 드립니다

세계사의 흐름을 머릿속에
저절로 그릴 수 있게 하는
독일의 국민역사책

정치,
최대한 쉽게 설명해 드립니다

자유로운 개인들의
사회적 연대를 위한
정치 교과서

종교,
최대한 쉽게 설명해 드립니다

문학·역사·철학·과학의
시각으로 들여다보는
세상의 모든 종교

국립중앙도서관 서평전문가 추천도서

철학,
최대한 쉽게 설명해 드립니다

스스로 생각하는
힘을 키워 주는
철학 교양서

전쟁과
평화의 역사,
최대한 쉽게 설명해 드립니다

전쟁의 역사에서 찾아내는
평화의 비밀

전국역사교사모임 추천도서

그리스 로마 신화,
최대한 쉽게 설명해 드립니다

그리스 로마 신화의
맥을 잡아 주는
50가지 재미있는 강의

윤리,
최대한 쉽게 설명해 드립니다

전 세계 30개 국
100만 청소년들의
윤리 교과서

행복의 공식,
최대한 쉽게 설명해 드립니다

전 세계 언론이 격찬한
행복 사용설명서